Jean Robb und Hilary Letts

Clevere Kids fallen nicht vom Himmel

Auch Lernen will gelernt sein

Jean Robb und Hilary Letts

Clevere Kids fallen nicht vom Himmel

Auch Lernen will gelernt sein

Illustrationen von Johannes Langemann

Gewidmet unseren Familien und Freunden, die zugehört, nachgefragt und diskutiert haben, sowie den Eltern und Kindern, die uns zu lehren gelehrt haben. Dank auch an Angela Anderson, Judith Edwards, Valerie Clark, Kate Tully und Philippa Sandall, die uns weitergeholfen und alle notwendigen Fähigkeiten beigebracht haben.

Die Deutsche Bibliothek – Cip-Einheitsaufnahme

Robb, Jean:
Clevere Kids fallen nicht vom Himmel : Auch Lernen will gelernt sein / Jean Robb und Hilary Letts, Ill. von Johannes Langemann. - München : Beust, 1998.
(KidsWorld)
Einheitssacht.: Creating kids who can < dt.>
ISBN 3-89530-017-9
NE: Letts, Hilary

1. Auflage 1998
Copyright © 1997 Jean Robb & Hilary Letts
Titel der australischen Originalausgabe: Creating Kids Who Can.
Zuerst erschienen bei Hodder Headline Pty Ltd,
Rydalmere NSW 2116, Australia

Copyright © 1998 der deutschen Ausgabe
Beust Verlag, München

ILLUSTRATIONEN: Johannes Langemann
FOTOGRAFIE U1: Wolfgang Staisch
ÜBERSETZUNG: Petra Dubilski für GAIA Text, München
LEKTORAT: Per Factory für GAIA Text, München
LAYOUTDESIGN, SATZ UND PRODUKTION: GAIA Text, München
UMSCHLAGDESIGN: Markus Härle für GAIA Text, München
DRUCK: Offizin Andersen Nexö, Leipzig

ISBN 3-89530-017-9

Printed in Germany

Inhalt

Über die Autorinnen

Jean Robb arbeitet als Lehrerin in Großbritannien und Australien. In beiden Ländern hat sie für Tausende von Kindern die Geheimnisse des Lernens enträtselt und die Eltern von ihren Blockaden befreit.

1990 tat sie sich mit der Kinderbibliothekarin Hilary Letts zusammen, um die Erziehungsstiftung *Successful Learning* zu gründen.

Jean und Hilary arbeiten als Erziehungstherapeutinnen mit Menschen, die unter Lernblockaden leiden. Dazu zählen auch solche, die sehr intelligent, aber unorganisiert sind, die Verhaltensstörungen haben, die geistige oder soziale Schwächen überwinden wollen, die unter einem Trauma leiden, die physische Probleme haben oder in anderen Angelegenheiten Hilfe brauchen.

Ferner gehören auch Menschen dazu, die nicht wissen, wie man effektiv lernt, die unter Angstzuständen leiden, die als lernbehindert gelten und die Erfolgsmethoden für Prüfungssituationen erlernen wollen.

Jean und Hilary arbeiten auch mit Eltern, die ihren Kindern nicht helfen können, weil sie selbst mit inneren Sperren zu kämpfen haben.

Dieses Buch basiert auf der 32jährigen Erfahrung der Autorinnen im Unterrichten von Kindern jeden Alters und jeder Befähigung. Jean und Hilary wollen alle Kinder – auch jene, die als dumm, faul, ungezogen, schwierig oder zurückgeblieben eingestuft wurden – in die Lage versetzen, über sich selbst zu staunen und ihre Lehrer zu verblüffen: indem gemeinsam mit den Eltern der Schaden beseitigt wird, den versäumter Unterricht, falsch verstandene Lehrinhalte und widersprüchliche Wertvorgaben über Jahre angerichtet haben.

Jean und Hilary arbeiten auch mit begabten Kindern, die sie vom Druck, superintelligent, besonders begabt oder vielfältig talentiert sein zu müssen, befreien. Sie zeigen ihnen, wie sie ihr eigenes Potential erschließen können, und sorgen dafür, daß sie sich nicht allzu schnell langweilen und Freude an ihren Begabungen entwickeln.

Einleitung

Jeder Fortschritt, den ein Kind macht, erfüllt die Eltern mit neuer Freude, aber auch mit neuer Besorgnis.

Wenn ihr Kind problemlos lernt, halten sie sich für tüchtig, aber wenn nicht, sind sie mit ihrer Weisheit am Ende. Sie sind erleichtert, wenn alles glatt läuft, doch das Leben verändert sich stets – es gibt immer wieder Neues zu lernen.

Selbstverständlich wollen die meisten Eltern ihren Kindern helfen, doch sie wissen nicht wie.

Die erfolgreichsten Menschen sind erfahrungsgemäß jene, die gelernt haben, ihre eigenen Bedürfnisse und die der anderen auf fürsorgliche Weise zu respektieren.

Clevere Kids wachsen in besonnenen und liebevollen Familien heran, die den Alltag zu genießen wissen, aber auch mit dem Unerwarteten umgehen können.

Clevere Kids fallen nicht vom Himmel will bei der Entwicklung Ihres Kindes zu einem

- verantwortlichen Bürger,
- lernbegierigen Schüler,
- liebevollen Familienmitglied,
- verläßlichen Freund und
- einzigartigen Individuum, das Freude an der Einzigartigkeit anderer hat,

behilflich sein.

Sie werden mit Freude feststellen, daß die meisten Vorschläge dem gesunden Menschenverstand entsprechen, einfach umzusetzen sind und viel Spaß machen. Das Buch wird Ihnen zeigen, wie Sie

- die Selbstachtung Ihres Kindes entfalten,
- aus der Schule das Beste herausholen,
- Hausaufgaben zu einem Abenteuer machen,
- Ihrem Kind helfen, erfolgreich zu kommunizieren,

- Ihr Kind ermutigen, den Alltag in den Griff zu bekommen,
- mit Fachleuten umgehen und Vertrauen in Ihr eigenes Können erlangen,
- die Lernblockaden beim Rechnen, Lesen und Schreiben durchbrechen,
- das Verhalten Ihres Kindes verstehen
- und Ihr Kind zu einem wissensdurstigen Schüler machen.

Langeweile wird der Vergangenheit angehören. Ihr Kind wird sich zu einem kreativen, motivierten, konzentrierten, zielbewußten Menschen verändern, der mit Begeisterung seine eigenen Möglichkeiten entdeckt und entwickelt.

Unsere Untersuchung zeigt, daß Veränderungen in der Erziehung, bei den Freizeitaktivitäten, im Familienleben, der Ernährung und der technischen Ausstattung Auswirkungen auf die Lernfähigkeit von Kindern haben. Manchmal sind diese Auswirkungen offensichtlich, jedoch nicht immer.

Ihr Kind mag sich über vielerlei beklagen: über Schikane, Langeweile, Müdigkeit, daß die Arbeit zu hart sei oder die Lehrer andere bevorzugen. Von der Schule hingegen mögen Klagen darüber kommen, daß Ihr Kind faul, überempfindlich oder aggressiv sei, viel Aufmerksamkeit fordere oder sich nicht konzentrieren könne.

In diesem Buch werden Sie Techniken, Strategien und Übungen kennenlernen, mit deren Hilfe Sie eigene Lernblockaden und die Ihres Kindes überwinden können.

Dieses Buch wird Ihnen außerdem aufzeigen, wie Sie Probleme und deren Ursachen erkennen und Lösungen finden, die Ihnen und Ihrem Kind zugute kommen.

Sie werden Ihr Kind und sich selbst besser kennenlernen und erleben, wie sich die Beziehung zwischen Ihnen vertieft.

Lernen wird nie wieder ein Ratespiel, Zufallstreffer und Glücksfall sein, sondern es wird organisiert, strukturiert und erfolgreich vorangehen. Dieses Buch wird für das Lernen unentbehrlich sein. Richten Sie sich nach den Vorschlägen in diesem Buch – und der Erfolg wird nicht auf sich warten lassen!

1 Clevere Kids sind okay

Stellen Sie sich vor, dies sei die Lebenslinie Ihres Kindes. Sie beginnt bei Null und wird, angesichts der medizinischen Fortschritte (und weil es einfacher zu berechnen ist), vermutlich bis 100 Jahre gehen.

0	16	25	50	100

Das bedeutet, daß jede Lebensspanne Ihres Kindes – unabhängig davon, wie lang sie Ihnen jeweils vorkommt – nur einen Bruchteil des gesamten Lebens ausmacht.

So entspricht etwa das Vorschulalter lediglich fünf Prozent des Lebens.

Die zehn Wochen, die man etwa zur Vorbereitung für eine Prüfung benötigt, betragen kaum 0,02 Prozent.

Und selbst die Zeit, in der Ihr Kind vollständig von Ihnen abhängig ist, entsprechen nur 16 Prozent des Lebens.

Manche Lebensperioden werden erfreulich sein, andere anstrengend. Sie können auf jeden Fall sicher sein, daß Sie beide in jedem Abschnitt neue Fähigkeiten erlernen müssen. Diese sollten Ihrem Kind folgende Eigenschaften schenken:

- echtes Selbstvertrauen
- Kompetenz
- Verantwortungsgefühl

Selbstvertrauen bedeutet, flexibel zu sein, eigene Grenzen zu erkennen, Kritik auszuhalten und realistische Erwartungen zu haben. Selbstvertrauen heißt auch, seine Ziele selbst dann zu verfolgen, wenn die eigenen Erwartungen nicht erfüllt werden. Kinder, denen Vertrauen entgegengebracht wird, sind sich ihres menschlichen Wertes bewußt und betrachten einen Mißerfolg nicht als persönlichen Angriff oder als Beweis ihrer eigenen Unfähigkeit.

Kompetenz bedeutet, daß ein Kind weiß, daß alles aus kleineren Teilen besteht, von denen das Kind einige kennt und nutzen kann. Wenn sich Kinder für kompetent halten, werden sie mit anderen zusammenarbeiten, um Hilfe bitten, sich an einen Fachmann wenden, einen Kurs belegen. Dabei können sie sich entweder im Hintergrund halten oder auch selbst die Führung übernehmen. Kompetenz ermöglicht uns zu erkennen, wann Ereignisse uns dazu zwingen, neue, auch unbekannte Wege einzuschlagen, um sich den Anforderungen zu stellen.

Verantwortungsgefühl bedeutet, daß ein Kind weiß, welche Prioritäten es zu setzen hat und daß in jeder Situation die wichtigen Dinge in Angriff genommen werden müssen. Verantwortung heißt auch, daß sich das Kind sämtliche vorhandenen Informationen beschafft und sich darüber Gedanken macht, was hilfreich ist und was nicht. Verantwortung heißt auch, daß das Kind schließlich auf der Basis der erhaltenen Informationen Entscheidungen trifft.

Ein Kind entwickelt dann Selbstvertrauen, Kompetenz und Verantwortungsgefühl, wenn Sie es beim Lernen unterstützen. Auch andere Personen können Ihrem Kind dabei weiterhelfen.

Erwachsene geben den Kindern dann eine Hilfestellung, wenn sie sich bewußt sind, daß Kinder nicht anders sind als sie selbst und daß sie vermutlich beim Lernen von etwas Neuem empfindlich auf Kritik reagieren. Dem Kind wird nicht geholfen, wenn Erwachsene seine Persönlichkeit ignorieren. Wenn man einem Kind nur Fakten eintrichtern will, wird es Angst haben, die Erwartungen nicht erfüllen zu können.

Wenn Sie sich über Ihren eigenen Erfolg Gedanken machen, werden Sie kaum eine Hilfe sein – richten Sie ihre Aufmerksamkeit auf die Unterstützung Ihres Kindes. In früheren Zeiten war es leichter zu wissen, was Kinder brauchen, um gesund zu bleiben, eine Arbeit zu bekommen oder zu heiraten. Heutzutage können Erwachsene schwerlich voraussagen, welche Zukunft ihren Kindern bevorsteht.

In dieser unberechenbaren Welt ist Kindern am besten geholfen, wenn man sie zur Eigenständigkeit ermutigt, damit ihnen bewußt ist, wer sie sind und warum sie hier sind – gleichgültig, mit welchen Veränderungen sie auch immer fertig werden müssen.

1.1 Zehn Eigenschaften zur Eroberung des 21. Jahrhunderts!

Für ihre Eigenständigkeit müssen Kinder folgende Eigenschaften erwerben:

1. Selbstsicherheit
2. Selbstvertrauen
3. Selbstbestimmung
4. Selbstbewußtsein
5. Selbstachtung

6. Selbstverantwortung
7. Selbstbeherrschung
8. Selbstmotivation
9. Selbstdurchsetzung
10. Selbstdisziplin

1.1.1 Selbstsicherheit

Selbstsichere Kinder wissen, ihre eigenen Bedürfnisse einzuschätzen und zu befriedigen, ohne andere zu verletzen: Selbstsichere Menschen wissen, wann sie allein handeln können und wann sie akzeptieren müssen, die Hilfe anderer anzunehmen.

Selbstsicherheit entspringt dem Wissen darüber, wie man für sich selbst sorgt, also sich um Nahrung, Kleidung, ein Dach über dem Kopf sowie ein Einkommen kümmert und auf seine Gesundheit achtet.

1.1.2 Selbstvertrauen

Wenn Kinder an sich selbst glauben, vertrauen sie darauf, daß sie auch in kritischen Situationen »okay« sind: Selbstvertrauen beinhaltet auch, eigene Schwächen und Stärken zu erkennen und zu akzeptieren.

Selbstvertrauen entwickelt sich mit der Bewältigung unterschiedlicher Situationen, bekannten ebenso wie unbekannten, und mit der Fähigkeit, eigene Strategien im Umgang mit neuen Situationen zu finden.

1.1.3 Selbstbestimmung

Selbstbestimmte Kinder sind in der Lage, Pläne zu entwikkeln und diese in die Tat umzusetzen, gleichzeitig aber flexibel zu bleiben: Selbstbestimmung heißt, bereits beim Planen einer Aktivität die Bedürfnisse, Möglichkeiten und Grenzen anderer zu berücksichtigen.

Selbstbestimmung entsteht aus der Möglichkeit, eigenständig aktiv zu werden und dabei soviel Unterstützung wie nötig zu suchen. Man sollte die Kinder ermutigen und unterstützen, durch Erproben die richtige Balance zwischen »Ich« und »Wir« zu finden.

1.1.4 Selbstbewußtsein

Selbstbewußte Kinder wissen, wie sie sich auch in gefährlichen Situationen sicher fühlen können: Selbstbewußtsein heißt, gut informiert und zuversichtlich zu sein, was hilft, Ängste abzubauen und zu vermeiden.

Selbstbewußtsein entsteht aus der Möglichkeit, über Reaktionen auf unterschiedliche Situationen nachzudenken und zu diskutieren, und darüber, wie man sich selbst schützt, ohne überängstlich zu werden.

1.1.5 Selbstachtung

Kinder mit Selbstachtung kennen sich selbst und ihren Bezug zur Umwelt: Selbstachtung heißt, daran zu glauben, daß wir anderen Menschen ebenbürtig sind.

Selbstachtung entsteht, wenn man lernt, wie man sich selbst authentisch und wahrhaftig erlebt und darstellt.

1.1.6 Selbstverantwortung

Selbstverantwortung bedeutet, daß man fähig ist, die Konsequenzen seiner Handlung zu erkennen: Selbstverantwortung beinhaltet auch die Fähigkeit, kalkulierte Risiken einzugehen.

Selbstverantwortung entsteht durch die Einsicht, daß alle unsere Handlungen Konsequenzen haben. Kinder, die solche Konsequenzen nie gespürt haben, sind sehr verwundbar.

1.1.7 Selbstbeherrschung

Wir sind dann selbstbeherrscht, wenn wir uns den Anforderungen einer Situation bewußt sind. Selbstbeherrschung bedeutet auch, die eigenen Bedürfnisse zu erkennen.

Selbstbeherrschung entwickelt sich dann, wenn wir die Auswirkungen unserer Handlungen sehen und erkennen, daß es immer Alternativen gibt.

1.1.8 Selbstmotivation

Selbstmotivation ist die Willenskraft, die alle Beeinträchtigungen überwindet, die uns zur Aufgabe unserer Aktivitäten oder gar Resignation verleiten könnten. Selbstmotivation sollte auch Kompromißbereitschaft beinhalten.

Selbstmotivation entsteht aus der Erfahrung des Hochgefühls nach einer vollbrachten Leistung.

1.1.9 Selbstdurchsetzung

Selbstdurchsetzung beruht auf der Erkenntnis, daß wir selber dafür zuständig sind, anderen deutlich zu machen, daß wir menschliche Wesen mit Gedanken und Gefühlen sind, die ebenso wichtig sind wie ihre eigenen. Selbstdurchsetzung sollte nicht Egoismus, Ellbogenmentalität oder Nichtachtung der Bedürfnisse anderer sein.

Kinder, die sich durchsetzen können, wurden beim Beschreiten eigener Wege unterstützt. Selbstdurchsetzung entsteht aus dem Erkennen der möglichen Konfliktherde und deren Vermeidung, ohne dabei eine andere Person herabzusetzen oder zu verletzen.

1.1.10 Selbstdisziplin

Selbstdisziplin bedeutet, das Notwendige zu tun, auch wenn es nicht angenehm oder leicht ist. Selbstdisziplin kann auch interessant sein und neue Erfahrungen ermöglichen.

Selbstdisziplin entsteht aus der Erkenntnis, daß niemand anderer als wir selbst dafür verantwortlich ist, unseren Verpflichtungen nachkommen.

»Selbst« bedeutet nicht Egoismus im Sinne von Selbstsucht. Kinder sollen die gegenseitige Beeinflussung und die Wechselwirkung zwischen der eigenen Person und der Umwelt erkennen.

1.2 Tips für erfolgreiches Lernen

Was geschieht wenn Kinder etwas mit Erfolg lernen?

- Sie sind aufgeschlossen.
- Sie erinnern sich an einen anderen Lernerfolg und wie sie ihn genossen haben.
- Sie fühlen sich körperlich wohl.
- Sie verstehen, was ihnen erklärt wird.
- Sie wissen, was sie wissen, und sind bereit zu lernen, was sie noch wissen müssen.
- Sie haben keine Angst, Fehler zu machen.
- Sie können sich auf eine Aufgabe konzentrieren.
- Sie glauben daran, daß sie es schaffen.
- Sie wissen, daß sie üben müssen.
- Sie sind sich darüber im klaren, daß Lernen Zeit braucht.
- Sie investieren freudig Zeit und Energie in eine Aufgabe.
- Sie vergleichen sich nicht mit anderen.
- Sie beobachten ihre eigenen Fortschritte.
- Sie übernehmen mit all ihren Fähigkeiten die Verantwortung für die Ausführung des Notwendigen.
- Sie sorgen dafür, daß sie auch weiterhin lernen.

- Sie machen sich über ihre Tätigkeiten Gedanken und erkennen, was gut lief, was verbessert werden könnte und was fehlschlug.
- Sie stellen und beantworten gerne Fragen.
- Sie wissen, daß das Gefühl der Mutlosigkeit vorübergehend ist und sie nicht hindern soll, etwas Neues zu lernen.

1.3 Wie kann ich meinem Kind helfen?

Denken Sie daran, daß Sie der beste Freund Ihres Kindes sind. Sie kennen Ihr Kind seit seiner Geburt, und Ihr Kind möchte Sie zufriedenstellen.

- Sie können zusammen arbeiten.
- Sie können zusammen lernen.
- Sie können zusammen Spaß haben.

1.3.1 »Ich war selbst schlecht in der Schule – werde ich meinem Kind beim Lernen helfen können?«

Natürlich können Sie das. Sie müssen ja auch kein Restaurant führen, um für Ihre Familie köstliche Gerichte zu kochen, Sie müssen kein Modedesigner sein, um einen Knopf anzunähen, und auch kein Arzt, um einen Verband anzulegen! Denken Sie darüber nach, was Sie Ihrem Kind bereits alles beigebracht haben.

Bis zum zehnten Lebensjahr wird das Kind gelernt haben, mit dem Alltag fertigzuwerden, zu rechnen, zu lesen, die Uhrzeit anzugeben, Buchstaben zu schreiben und Sätze zu formulieren, auf seine Sachen aufzupassen und sich sicher zu bewegen. Es wird lernen, wie man mit anderen Menschen in den unterschiedlichsten Situationen zusammenarbeiten kann. Ihr Kind wird beim Lernen sein Bestes geben, wenn es auf Ihre Liebe, Ihre Zielstrebigkeit und Ihre Unterstützung vertrauen darf.

Erst auf einer weiterführenden Schule wird Ihr Kind mit Spezialwissen konfrontiert, doch wenn Sie ihm gezeigt haben, wie man denkt und lernt, wird es gut vorbereitet sein.

1.3.2 »Ich habe nicht viel Zeit – wie kann ich trotzdem helfen?«

Überlegen Sie, wieviel freie Zeit Sie haben, und teilen Sie diese dann sinnvoll ein. Vielleicht haben Sie nur etwas Zeit, um Ihrem Kind in Ruhe seine Aufgabe zu zeigen (wie es den Tisch decken oder seine Hausübungen erledigen soll), aber zu wenig Zeit für konkrete Hilfestellung. Strukturieren Sie also Ihre Unterweisung so, daß Ihr Kind klar erkennt:

- was es tun soll,
- wie die Aufgabe zu bewältigen ist,
- was es an Hilfsmitteln benötigt,
- ob es etwas von Ihnen braucht.

Wenn Sie am Ende der Unterhaltung zusammen mit Ihrem Kind die Augen schließen und »in sich gehen« (siehe Anhang), helfen Sie ihm, sich auf den nächsten Schritt vorzubereiten. Wenn es erkennt, daß die Aufgabe in dem vorgegebenen Zeitrahmen zu erfüllen ist, wird es zielbewußt und motiviert die Arbeit angehen.

1.3.3 »Mein Kind will immer nur mit seinen Freunden spielen.«

Denken Sie daran, daß Sie für das Lernen Ihres Kindes verantwortlich sind! Ihr Kind braucht die Sicherheit, daß Sie Ihre Verantwortung auch ernst nehmen. Und das Lernen betrifft die ganze Familie. Deshalb ist es wichtig, alle Familienmitglieder konstruktiv miteinzubeziehen.

Es ist sicherlich notwendig, den Kindern Freiräume zuzugestehen, jedoch nur dann vernünftig, wenn die Grenzen klar aufgezeigt werden. Um erfolgreich zu lernen, ist es für das Kind notwendig zu begreifen, daß es Grenzen gibt.

Wenn Ihr Kind beispielsweise Hausaufgaben machen muß, aber auch mit seinen Freunden spielen will, kann es durchaus selbst entscheiden, wann es spielt und wann es Hausaufgaben macht. Aber es muß erkennen und akzeptieren, daß die Hausaufgaben auf jeden Fall erledigt werden müssen.

1.3.4 »Wieviel Hilfe sollte ich meinem Kind geben?«

Bieten Sie Ihrem Kind ausreichend Hilfe an, damit es nach einer erledigten Aufgabe das Gefühl hat, weitere Fähigkeiten erlernt zu haben. Es sollte davon überzeugt sein, daß es etwas gelernt hat und das Gelernte auch nutzen kann. Wenn sich die gestellte Aufgabe als zu schwierig erweist, übertragen Sie ihm nur einen kleinen Teil davon. Sie können ihm zeigen, was es kann und was es bereits weiß. Dadurch wird es schrittweise an die gesamte Aufgabe herangeführt. Vermitteln Sie ihm nie das Gefühl, daß es versagen könnte.

1.3.5 »Nach der Schule ist mein Kind müde – mehr Aufgaben würden es zu sehr belasten.«

Jeder Mensch hat seinen eigenen Rhythmus, deshalb ist es wichtig, daß Sie den Ihres Kindes kennen. Überlegen Sie, wie dieser Rhythmus in den familiären Ablauf paßt. Stellen Sie dann einen Tagesplan auf, der jedem einzelnen so weit als möglich die Gelegenheit gibt, seinem eigenen Rhythmus zu folgen.

Wenn Ihr Kind nach der Schule müde ist, finden Sie heraus, wodurch es wieder munter wird, wie z. B. durch Essen, Bewegung, Kuscheln, Schlafen, Reden oder Lesen. Lassen Sie Ihr Kind seine Aufgaben (wie Hausübungen oder Mithilfe im Haushalt) zu einem Zeitraum erledigen, in dem es ausgeruht, konzentriert und lustvoll ist.

1.3.6 »Ich weiß zwar, wie es geht, aber mein Kind sagt, in der Schule machen sie es ganz anders.«

Alle Eltern geben manchmal auf, wenn ihr Kind sagt: »In der Schule machen wir das aber ganz anders.«

In der Regel können Eltern den Lernschritten ihres Kindes in der Schule folgen. Wenn die Schule Ihres Kindes keine Sprechstunden anbietet oder wenn Ihr Kind weiterhin behauptet, daß Sie keine Ahnung hätten, geben Sie nicht auf. Es gibt etliche Lern- und Lehrmethoden, die sich als zielführend erwiesen haben und in keinem Widerspruch zu den übliche Techniken in der Schule stehen müssen.

Kinder müssen lernen und üben,
wie sie

- sich angemessen und sinnvoll ausdrücken,
- ihre Handschrift verbessern,
- die Rechtschreibung anwenden,
- freundlich und höflich besser ans Ziel kommen,
- die Symbole der Mathematik erkennen und im Alltag anwenden können.

1.3.7 »Ist es irgendwann zu spät, ihm beim Lernen zu helfen?«

Sie können Ihr Kind in jedem Alter unterstützen, sofern Sie ihm beibringen, wie man zielführend und lustvoll lernen kann. Und es wird, wenn es weiß, wie man das Beste aus dem Unterrricht herausholt, aus eigenem Antrieb lernen, sowohl zu Hause als auch in der Schule.

Lehrpersonen reagieren positiv auf Schüler jeden Alters, wenn sie pünktlich erscheinen, die passenden Unterrichtsmaterialien mitbringen, zuhören, Anweisungen befolgen, konkrete Fragen stellen, sich Mühe geben und mitarbeiten. Hilfreich ist auch, wenn Schüler ordentlich aussehen (saubere Kleidung, saubere Fingernägel, saubere Ohren und Nasen!), den Lehrer direkt ansehen, deutlich sprechen, nicht mit offenem Mund kauen und höflich sind.

1.3.8 »Seine Schwester ist klug – dafür ist er gut beim Sport.«

Auch Sportskanonen wollen und müssen Lesen, Schreiben und die Rechtschreibung lernen. Machen Sie also auch diese Fähigkeiten einfach zu einem Spiel, um die Stärken eines sportlichen Kindes zum Tragen zu bringen. Vergleichen Sie seine diversen Aktivitäten oder Unternehmungen miteinander. Stellen Sie fest, was verbessert und was als nächstes geübt werden muß. Denken Sie daran, die Ergebnisse festzuhalten, Fortschritte zu überprüfen und zu vergleichen, ob es in den geistigen Disziplinen ebenso vorne mitspielen kann wie auf dem Sportplatz.

Das größte Hindernis bei allem, was wir tun, einschließlich Lernen, liegt in unserer Art zu denken. Je mehr wir über unsere Denkweise wissen, desto leichter ist es zu erkennen, wo das Problem liegt – beispielsweise eine Lernblockade – und wie wir damit umgehen. Wir können Strategien zur Verbesserung unseres Denkens entwickeln und uns somit zahlreiche neue Perspektiven eröffnen.

Je mehr wir verstehen, wie unser Denken unser Handeln beeinflußt, umso mehr haben wir die Chance, die Probleme bei einer Lernblockade in den Griff zu bekommen.

Leiten Sie Ihr Kind dazu an, sich über die eigene Denkweise Gedanken zu machen und herauszufinden, wie andere Menschen denken.

Einige Tips zum Nachdenken!

- Was ist Denken?
- Worüber denkst du nach?
- Worüber fällt es dir schwer nachzudenken?
- Weißt du, wann du am besten denken kannst?
- Denkst du jemals über das Denken nach?

- Bedeutet sich Sorgen zu machen auch denken?
- Heißt Pläne zu schmieden denken?
- Bedeutet sich zu erinnern denken?
- Ist Lernen gleich Denken?

Es gibt keine eindeutigen Antworten – aber mehr Nachdenkenswertes als offensichtlich ist!

1.4 Lernblockaden abbauen

1.4.1 Was sind die Gründe für Lernblockaden?

Streß ist einer der Hauptfaktoren. Streß kann hervorgerufen werden durch:

- die körperliche Verfassung, ob ständig oder vorübergehend
- ein fehlendes Zugehörigkeitsgefühl
- das Gefühl, deswegen nichts zu verstehen, weil man nicht intelligent genug ist
- frühere schlechte Erfahrungen
- das Gefühl, nichts zu verstehen, weil man eine Unterrichtsstunde versäumt hat
- das Gefühl, fehl am Platze zu sein
- ein schlechtes Lernumfeld

1.4.2 Was kann einem Kind bei der Überwindung der Lernblockaden helfen?

Spielen Sie das »Ich-kann-es«-Spiel!

- Irgend etwas kann Ihr Kind bestimmt!
- Ihr Kind hat vielleicht bereits die Erfahrung gemacht, etwas streßfrei gelernt zu haben.
- Ihr Kind kann sich selbst helfen, indem es an etwas denkt, das es wirklich gerne macht.

Fragen Sie Ihr Kind: »Was kannst du wirklich gut?« Schreiben Sie die Antworten Ihres Kindes auf und stellen Sie dann sicher, daß Sie die folgenden Gedanken – in Worten, die Sie beide verstehen – beinhalten. Diese Fragen zeigen Ihnen, auf welche Weise Ihr Kind etwas tut, das ihm ein Erfolgsgefühl vermittelt.

- Welche Fähigkeiten brauchst du dazu und wieviel Energie kannst du mühelos aufwenden, um darin besser zu werden?
- Spornt es dich an, wenn du einen Fehler machst, weil du dadurch die Möglichkeit hast, mehr zu lernen?

- Wie bereitest du dich auf eine Aufgabe vor?
- Was denkst du vor, während und nach einer Aufgabe?
- Bereitet dir deine Leistung Freude und redest du gerne mit anderen darüber?
- Bist du bereit, dich auf einen kleinen, verbesserungswürdigen Teil der Aufgabe zu konzentrieren?
- Kannst du dir vorstellen, viel Mühe auf etwas zu verwenden, das für jemand anderes weitaus einfacher zu bewältigen ist?
- Wieviel bedeutet dir bei einer Tätigkeit die Meinung anderer Leute?
- Auf welche Weise sorgst du selbst für den besten Weg zum eigenen Erfolg?
- Wie belohnst du dich selbst?
- Folgst du deinem eigenen Rhythmus? Weißt du, wann du eine Pause machen oder aufhören mußt?
- Läßt du dich von deinen Fehlern oder den Fähigkeiten anderer abschrecken oder spornt es dich an?
- Überlegst du, wie andere Leute vorgehen, um zu erfahren, was du für dich verwenden kannst?
- Auf welche Weise wirst du dein Leben umstellen, um Zeit für deine Aufgaben zu haben?

Wenn Ihr Kind diese Fragen beantworten kann, ist die erste Hürde bereits überwunden!

Mit den gleichen Fragen kann Ihr Kind auch lernen, andere Themen anzugehen und sie zu begreifen.

1.4.3 Das Lernumfeld

Lernblockaden können durch ein förderndes Arbeitsumfeld leichter überwunden werden. Das Umfeld ist dann hilfreich, wenn alle Bedürfnisse des Individuums, das darin arbeitet, in einer umfassenden Weise betrachtet werden.

Um ein solches Umfeld für Ihr Kind zu schaffen, berücksichtigen Sie folgende Bedürfnisse:

Körperlich

- Ist es müde oder hungrig?
- Muß es auf die Toilette?
- Braucht es eine Pause?

Emotional

- Sind die Eltern in der richtigen Verfassung, es zu unterstützen?
- Muß es, bevor es sich konzentrieren kann, den Eltern noch etwas erzählen oder etwas anderes tun?

Geistig

- Besteht das Bedürfnis, über die Aufgabe zu reden?

Psychisch

- Braucht es Ermutigung für eine Aufgabe, die es als bedrohlich, einschüchternd oder langweilig empfindet?

Intellektuell

- Benötigt es, um eine Aufgabe zu lösen, weitere Erklärungen? Eltern sollten unter Umständen auch erläutern, was Lehrer tatsächlich erwarten, oder auf Möglichkeiten hinweisen, die das Kind nicht sieht.

Technisch

- Verfügt es über die geeignete Ausstattung?
- Schätzt Ihr Kind die Zeit, die es für die Aufgabe braucht, richtig ein?
- Sind Hilfestellungen notwendig, um die Aufgabe zu planen und zu strukturieren?

Sozial

- Wie arbeitet es am besten? Mit Freunden, als Teil des familiären Geschehens oder alleine?

Denken Sie daran, daß Erfolg auch auf einem hilfreichen und fördernden Arbeitsumfeld beruht, das Ihnen und Ihrem Kind zugute kommt.

1.4.4 Gründe für eigene Blockaden, Ihrem Kind etwas beizubringen

Oftmals stellen Eltern verblüfft fest, daß Blockaden entstehen, wenn sie ihrem eigenen Kind helfen wollen, diese aber nicht auftauchen, wenn sie den Freunden ihres Kindes helfen oder Hilfe anbieten. Bei ihren eigenen Kindern fühlen sie sich hilflos. Sollte dies der Fall sein, verzweifeln Sie nicht – das kommt häufig vor. Sie empfinden möglicherweise:

Angst. Sie fühlen sich für jeden Lebensbereich Ihres Kindes verantwortlich. Sie wollen den Glauben Ihres Kindes nicht erschüttern, daß Sie ihm im Wirrwarr des Lebens einen geschützten Hafen bieten. Wenn Sie jedoch den Freunden Ihres Kindes helfen, ist Ihnen bewußt, daß diese ihren eigenen sicheren Hafen haben.

Sorge, Ihr Kind zu enttäuschen. Sie befürchten, zur falschen Zeit, am falschen Platz, auf falsche Weise die falschen Dinge zu lehren. Wenn Sie jedoch die Freunde Ihres Kindes

unterrichten, ist Ihnen bewußt, daß jede neue Information, die Sie vermitteln, nur ein Teil des Ganzen ist.

Sorge, den Rest der Familie zu vernachlässigen. Sie befürchten, einem Kind auf Kosten der übrigen Familienmitglieder zuviel Aufmerksamkeit, Geld, Zeit oder Privilegien zuzugestehen. Wenn Sie jedoch jemand anderem etwas beibringen und eine gewisse Zeit investieren, treten derartige Konflikte erst gar nicht auf.

Frühere gemeinsame Erfahrungen werden wieder aktuell. Es ist nicht immer einfach, emotionslos und unvoreingenommen die Fähigkeiten des eigenen Kindes zu erkennen. Wenn Sie es mit anderen Kindern zu tun haben, sehen Sie deren Leistungsmöglichkeiten viel klarer.

Liebe. Es ist schwierig, zu dem eigenen Kind sowohl konsequent als auch nachgiebig zu sein. Ein bestimmter Ausdruck mag Sie an die Zeit erinnern, als Ihr Kind noch sehr verletzlich war. Das kann Sie an der Richtigkeit Ihres Handelns zweifeln lassen. Hätten Sie es mit einem fremden Kind zu tun, wären Sie fähig, konsequent zu bleiben.

Ihr Kind glaubt, Sie seien nicht in der Lage zu helfen. Ihr eigenes Kind mag andere Menschen um Hilfe bitten, die Sie selbst hätten geben können. Die Kinder anderer Leute hingegen wenden sich gerne an Sie.

Reizbarkeit. Da Sie mit Ihrem eigenen Kind eng zusammenleben, kann es vorkommen, daß Ihre Geduld schnell erschöpft ist. Etwa wenn Sie wissen, daß sein Zimmer unaufgeräumt ist, oder eine schlechte Angewohnheit sich oft wiederholt. Von einem fremden Kind lassen Sie sich vermutlich nicht derart aus der Ruhe bringen, da Sie die freie Wahl haben, ihm zu helfen und fortzufahren oder aufzuhören.

1.4.5 Überwindung von Blockaden beim Unterrichten Ihres eigenen Kindes

Suchen Sie sich eine Methode für erfolgreiches Lehren und wenden Sie sie für eine Aufgabe an, die Sie mit Ihrem eigenen Kind bewältigen wollen.

Wenn Sie sich nur soviel vornehmen, wie auch erfolgreich bewältigt werden kann, können Sie auf Ihr Kind mehr achtgeben und somit auf angemessene Weise Unterstützung, Fürsorge und Rat anbieten. Betrachten Sie sich die folgenden Übungen:

Besprechen Sie, was getan werden muß. Diskussionen sind wichtig, um partnerschaftlich planen zu können. Die gesetzten Grenzen sollten begründet werden und dürfen die Kreativität keinesfalls ersticken.

Machen Sie sich Notizen. Wenn Sie die Diskussionspunkte aufschreiben, können Sie beide im Fall eines Problems nochmals nachschauen. Und das Aufschreiben für sich ist bereits Teil der Lösung, da man an die gestellte Aufgabe planmäßig herangeht.

Stellen Sie fest, wieviel Ihr Kind innerhalb einer Minute erledigen kann. Wenn man mit nur einer Minute beginnt, wird das Risiko des Mißlingens der gesamten Aufgabe verringert. Schwächen in der Darstellung oder Planung der Aufgabe oder in der Fähigkeit des Kindes, die Aufgabe zu erfüllen, treten dadurch deutlich hervor.

Fünf Minuten für das Zimmeraufräumen

1. Besprechen Sie mit Ihrem Kind, wie es in der vorgegebenen Zeit vorgehen soll.
2. Notieren Sie sich, was vereinbart wurde.
3. Schauen Sie nach einer Minute nach, wieviel es in
   dieser Zeit bewältigen konnte.
4. Überprüfen Sie, wieviel erledigt wurde.
5. Fragen Sie es, ob es weiß, was als nächstes zu tun ist.
6. Überprüfen Sie nach drei Minuten, was erledigt wurde.
7. Schlagen Sie etwas vor, das in der letzten Minute erledigt werden soll.
8. Beglückwünschen Sie es zu seinem Erfolg.
9. Fragen Sie nach, was es von der Arbeit hielt.

Schauen Sie nach, wieviel erledigt wurde. Dadurch erfah-ren Sie, ob sich Ihr Kind bei der gewählten Tätigkeit wohl fühlt oder nicht. Denn wer das Gefühl hat, nicht voranzu-kommen, verliert die Lust am Weitermachen.

Fragen Sie nach, was Ihr Kind als nächstes tun will. Das er-laubt Ihrem Kind, die Dinge selbst in die Hand zu nehmen und innerhalb der vorgegebenen Grenzen seine eigenen Ent-scheidungen zu treffen. Es gibt Ihnen auch die Möglichkeit, Vorschläge zu machen, falls sie notwendig sind.

Prüfen Sie nochmals nach. Sie können aufgrund Ihrer Er-fahrungen einen Hinweis geben, wie man die Arbeit rettet und das bereits Erledigte bewahrt, damit Ihr Kind ein Er-folgsgefühl vermittelt bekommt.

Glückwunsch! Ihr Kind wird es mit Begeisterung nochmals versuchen, wenn es das Gefühl hat, dieses Mal etwas erreicht zu haben. Geben Sie nicht dem natürlichen Drang nach, dar-auf hinzuweisen, wie wenig getan wurde, wieviel noch zu tun ist und wie Sie selbst alles in der halben Zeit zweimal ge-tan hätten!

1.4.6 Hilfreiche Überlegungen zur Planung für die Zukunft

- Hatte die Aufgabe einen Sinn?
- Was hat Ihnen am meisten Freude bereitet?
- Was haben Sie gelernt?
- Was hat Sie überrascht?
- Was werden Sie das nächste Mal anders machen?

Vergessen Sie nicht – am besten lernt man Schritt für Schritt.

Die meisten Lernschritte beruhen auf gesundem Menschenverstand. Wenn Sie in Panik geraten, besinnen Sie sich auf das, was Sie wirklich wissen. Dann haben Sie auch das Selbstvertrauen, etwas Neues zu versuchen.

Wer etwas Neues lernt, kann leicht von den neuen Informationen überwältigt werden. Das ist aber nichts Ungewöhnliches.

Denken Sie daran! Gehen Sie langsam vor, um schnell voranzukommen.

Auf diese Art werden Sie immer mehr lernen können.

Richtlinien für erfolgreiches Lehren

*Wie Sie sowohl Erwachsenen als auch Kindern
erfolgreich etwas beibringen können*

- Sie nehmen sich dafür Zeit.
- Sie nehmen sich nur soviel vor, wie bewältigt werden kann.
- Sie gleichen Zeit oder Aufgabe dem tatsächlichen Leben an.
- Sie übernehmen sich nicht.
- Sie unterstützen erfolgreiches Lernen durch Lob.
- Sie übernehmen die Verantwortung für Ihre Hilfestellung, sobald eine Schwierigkeit auftaucht.
- Sie reden miteinander.
- Sie kritisieren niemals herzlos.
- Sie behalten die Bemühungen im Auge und diskutieren darüber, um individuelle Wege der Herangehensweise und der Bewältigung einer Aufgabe herauszufinden.
- Sie beharren nicht auf einer bestimmten und allein gültigen Herangehensweise.
- Sie legen Pausen ein.
- Sie stellen Fragen, um Denken und organisatorische Fähigkeiten zu entfalten.
- Ihnen ist bewußt, daß Lernen niemals aufhört – Lernen ist ständige Erforschung.
- Sie haben die Unterstützung anderer.
- Sie wissen, was Sie nicht können.
- Sie hören zu.
- Sie denken nach.

Wenn Sie sich an diese Richtlinien halten
und sie bei Ihrem Kind anwenden,
werden Sie erfolgreich helfen können.

2 Elterliches Durchsetzungsvermögen

2.1 Wie man sich als Eltern den Anforderungen stellt und nicht untergeht

Sie sind ein Mensch – kein Übermensch!

Als Kind haben Sie sich vermutlich vorgenommen, niemals die gleichen Fehler zu machen und so ungerecht und hart zu sein wie Ihre eigenen Eltern. Wenn Sie aber erst einmal selbst Eltern sind, merken Sie, daß das reines Wunschdenken war. Die Feststellung, daß Sie die gleichen Fehler machen wie Ihre Eltern, bringt Sie manchmal zum Lachen und manchmal beinahe zum Weinen.

Wenn Sie sich folgendes vergegenwärtigen, werden Sie Ihr elterliches Durchsetzungsvermögen zielführend verbessern:

- Sie sind ein menschliches Wesen!
- Manchmal sind Sie sicher, manchmal aber auch sehr unsicher.
- Manchmal sind Sie beherrscht und manchmal unbeherrscht.

- Manchmal wissen Sie genau, was Sie tun, manchmal tappen Sie vollständig im Dunkeln.
- Manchmal sind Sie in der Lage, Pläne zu schmieden und sie auch zu verwirklichen, zu anderen Zeiten jedoch fühlen Sie sich jedem unerwarteten Ereignis oder den Ansprüchen der Familie hilflos ausgeliefert.

Denken Sie daran, daß Entspannung Ihnen die Möglichkeit gibt, nach emotionalen Hochs und Tiefs, die die Elternschaft mit sich bringt, Ihr Gleichgewicht wiederzufinden.

Denken Sie daran, daß das, womit Sie als Eltern konfrontiert werden, mit nichts, was Sie bisher erfahren haben, zu vergleichen ist. Ihnen wird plötzlich klar, daß alles, was Sie tun, nicht nur Sie verändert, sondern auch Ihr Kind. Ihr Vorbild ist entscheidend, ob Ihr Kind mit den Erfahrungen, die es machen wird, umgehen kann. Sie tragen die Verantwortung dafür, daß Ihr Kind so heranwächst, damit es selbst einmal die Verantwortung für sich, seine Familie und die Allgemeinheit tragen kann.

Denken Sie daran, daß Sie schon bevor Ihr Kind in Ihr Leben trat, Erfahrungen gemacht haben. Somit kann Ihr Kind zwar nicht Ihre ganze Welt sein, doch während es zur Unabhängigkeit strebt, sind Sie die ganze Welt für Ihr Kind.

Denken Sie daran, daß Ihr Kind erfahren muß, in welchen Dingen Sie sich sicher fühlen und in welchen nicht.

Denken Sie daran, daß Ihr Kind wissen muß, daß es Dinge gibt, die Sie beherrschen, die Sie verändern können und solche, auf die Sie absolut keinen Einfluß haben.

Denken Sie daran, daß Sie stets das Beste für Ihr Kind tun. Vielleicht stellen Sie nach weiteren Erfahrungen fest, daß Sie anders hätten handeln sollen. Doch zu einem bestimmten Zeitpunkt erschien Ihnen eine bestimmte Möglichkeit als die beste.

Denken Sie daran, daß Sie am besten klarkommen, wenn Sie auf sich selbst hören, notwendige Informationen einholen und nochmals rückfragen. Was weiß ich? Was muß ich wissen? Wie finde ich es heraus? Wo bekomme ich Informationen und Hilfestellungen?

2.2 Elterliches Durchsetzungsvermögen zu Hause

Das ABC elterlichen Durchsetzungsvermögens

Abwägungsvermögen	**O**ffenheit
Beurteilungsvermögen	**P**flege
Charakterstärke	**P**hantasie
Denkvermögen	**Q**ualifizierung
Erfahrung	**R**ücksicht
Freundschaft	**S**tärke
Gerechtigkeit	**S**icherheit
Humor	**T**aktgefühl
Kreativität	**U**msicht
Liebe	**U**nterrichten
Meinungsstärke	**V**erbindlichkeit
Nahrung	**W**ertschätzung
Organisation	**Z**uversicht

Wo bleibt unser elterliches Durchsetzungsvermögen?
Probleme wie die folgenden hören wir oft von Eltern, die
sich zu Hause machtlos fühlen:

- Mein Kind weigert sich, Obst und Gemüse zu essen.
- Es sitzt dauernd vor dem Fernseher.
- Es ärgert seine Geschwister.
- Es will nicht ins Bett gehen.
- Es räumt sein Zimmer nicht auf.
- Meine Mutter meint, ich sollte
strenger sein.
- Mein Mann meint, daß Karateunter-
richt unser Kind zur Vernunft bringt.
Aber ich hasse Gewalt.
- Ich bin so beschäftigt.

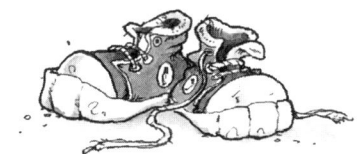

Nehmen Sie sich zunächst nur eine Sache vor, die Sie mit Ihrem Kind klären wollen. Nehmen wir beispielsweise seine Eßgewohnheiten.

Machen Sie eine Entspannungsübung, zum Beispiel eine der im Anhang beschriebenen. Die sinnvollste Übung für eine Situation wie diese ist das Umschalten von »Ich-kann-nicht« auf »Ich-kann«.

Schreiben Sie alle Gründe auf, warum Sie sich über die Eßgewohnheiten Ihres Kindes Sorgen machen.

- Es schadet seinen Zähnen.
- Es ist zu wenig ausgewogen.
- Es scheint nicht genug Energie zu haben.
- Essenszeiten arten zu regelrechten Kämpfen aus.
- Sie haben es satt, sich selbst und Ihr Kind darüber lamentieren zu hören.

Lassen Sie nun Ihr Kind selbst aufschreiben, was ihm an seinen Eßgewohnheiten wichtig erscheint. Widerstehen Sie der Versuchung, Ihre eigenen Einschätzungen hinzuzufügen oder es vom Aufschreiben seiner Wünsche abzuhalten.

Entscheiden Sie gemeinsam anhand eines Punktes jeder Liste, wie Sie beide einen Kompromiß finden können.

- Das Kind verspricht, jeden Tag ein Stück Obst zu essen.

Bringen Sie an der Kühlschranktür einen Zettel zum Abhaken an.

Wenn Sie den Eindruck haben, daß der vereinbarte Kompromiß eingehalten wird, kann das nächste Problem angegangen werden.

Wenn Sie Ihrem Kind die Möglichkeit geben zu sagen, was es an Ihnen auszusetzen hat, können Sie das gleichzeitig bearbeiten – vielleicht mit zwei Abhakzetteln an der Kühlschranktür!

2.3 Elterliches Durchsetzungsvermögen in der Schule

Wo bleibt unser elterliches Durchsetzungsvermögen?
Folgende Probleme hören wir oft von Eltern:

- Ich habe schreckliche Angst, wenn ich mit der Lehrperson reden soll.
- Ich finde das Warten am Schultor anstrengend.
- Es macht mir Probleme, mit dem Konkurrenzdenken der Eltern bezüglich der Fortschritte ihrer Kinder umzugehen.
- Ich bin alleinerziehend und glaube, daß die Lehrperson dies für die Ursache aller Probleme meines Kindes hält.
- Wir sind beide so beschäftigt, daß wir die tägliche Entwicklung unseres Kindes nur schwer nachvollziehen können.
- Ich war selbst ein schlechter Schüler, welche Chance soll da mein Kind haben?

Betrachten wir nun diese Aussagen etwas genauer.

2.3.1 Wenn ein Treffen mit der Lehrperson Sie nervös macht

Denken Sie daran, daß Lehrer oft selbst vor einem Gespräch mit den Eltern nervös sind. Ebenso wie Eltern keine Ausbildung für das Großziehen ihrer Kinder haben, so verfügen Lehrer selten über eine Ausbildung für Gespräche mit den Eltern ihrer Schüler. Manche sind darin zwar ganz geschickt und nehmen den Eltern die Befangenheit, aber viele behandeln Sie so, als wären Sie das Problemkind.
Mit derartigen Gefühlen geht man am besten folgendermaßen um:

Listen Sie auf, was Sie besprechen möchten.

Vereinbaren Sie einen Zeitpunkt, der Ihnen und dem Lehrer paßt.

Achten Sie darauf, auf einem gleich hohen Stuhl wie der Lehrer zu sitzen.

Teilen Sie dem Lehrer mit, daß Sie nervös sind, damit er Ihre Anspannung nicht für schlechte Laune hält.

Sorgen Sie dafür, daß Sie sich körperlich wohl fühlen und mit Ihrer Selbstdarstellung zufrieden sind. Frisch gewaschene Haare beispielsweise vermitteln ein Wohlgefühl, ebenso wie adrette Kleidung. Sie brauchen sich nicht aufzutakeln, aber Sie sollten sich auch nicht wie ein Opfer kleiden.

2.3.2 Wenn Sie Ihr Kind von der Schule abholen, fühlen Sie sich unsicher

In Ihrer Kindheit war es meist nicht üblich, daß Kinder zur Schule gebracht und wieder abgeholt wurden. Erst in jüngster Zeit halten es Eltern für notwendig, ihre Kinder überallhin zu begleiten.

Vielleicht sind Sie deswegen verunsichert, weil Sie nicht wissen, ob Sie zu vorsichtig sind. Wenn Sie jedoch mitbekommen, daß auch andere Eltern ihre Kinder abholen, können Sie selbstbewußter auftreten.

Während Sie vor der Schule auf Ihr Kind warten, kommen Ihnen möglicherweise Erinnerungen an die eigene Schulzeit in den Sinn. Sie fühlen sich plötzlich in die Zeit zurückversetzt, als Sie selbst noch ein Schulkind waren. Wenn Sie eine glückliche Schulzeit hatten, werden Sie den anderen wartenden Eltern am Schultor vermutlich freundlich und entspannt entgegentreten. Wenn nicht, dann könnten Sie sich unsicher und verletzbar fühlen, und die ganze Angelegenheit gerät zu einem Alptraum.

 Das Abholen von der Schule sollte jedoch ein positiver Moment sein und ein freudiges Wiedersehen nach einer Weile der Trennung.

2.3.3 Sie verabscheuen das Konkurrenzdenken, das manche Eltern, wenn es um die Entwicklung ihrer Kinder geht, an den Tag legen

Regel Nummer eins für ein erfolgreiches Kind ist der Verzicht auf jeglichen Vergleich. Die Chance, diese Regel stets einzuhalten, ist jedoch gering!

Vermeiden Sie also Situationen, in denen andere Eltern Sie einzuschüchtern versuchen. Wenn Sie selbst feststellen, daß

Ein Kind braucht

- Liebe,
- das Wissen um die zahllosen Wahlmöglichkeiten, wie beispielsweise zwischen praktisch/unpraktisch, vernünftig/unvernünftig, rücksichtsvoll/rücksichtslos,
- ein moralisches Gefüge,
- Anerkennung,
- Ruhe,
- Zeit,
- eine Ernährung, die es körperlich und geistig gesund erhält,
- ein Zugehörigkeitsgefühl,
- Zugang zu Büchern,
- Gespräche und Erfahrungsaustausch mit vielen unterschiedlichen Menschen,
- Unterstützung, um Freundschaften zu schließen und mit Problemen umzugehen,
- Anerkennung seiner Individualität,
- die Möglichkeit, eigene Fähigkeiten zu entdecken,
- ausreichend Zeit für die Hausaufgaben,
- körperliche Bewegung,
- Kontakt mit anderen Erwachsenen, die zuhören und Ratschläge erteilen,
- die Erlaubnis, selbstverantwortlich zu handeln – wenn nötig mit Unterstützung,
- das Wissen, daß seine Bemühungen mit Freude und Stärke belohnt werden – körperlich, emotional, sozial, intellektuell oder psychisch,
- das Vertrauen, daß sich alles zu seinem Gunsten wenden wird, auch wenn es nicht sofort ersichtlich ist.

Sie Ihr Kind mit anderen Kindern vergleichen, denken Sie daran, daß Zurückhaltung von größter Bedeutung ist – nicht nur für Sie, sondern auch für Ihr Kind!

Wenn Sie die Fortschritte Ihres Kindes und die der anderen beobachten, werden Sie Möglichkeiten entdecken, wie Sie Ihr Kind unterstützen können.

Die Bedürfnisse eines Kindes werden nicht gestillt durch

- teure Geschenke und Urlaubsreisen, die keine neuen Kenntnisse vermitteln oder die das Kind nicht zu schätzen weiß,
- regelmäßige, aufregende Ausflüge,
- Erwachsene, die stets jeden Wunsch erfüllen,
- ein Kinderzimmer, das von frühestem Alter an mit allem technischen Spielereien ausgestattet ist,
- Fast Food mit chemischen Zusätzen,
- ständige Belohnung durch Geschenke,
- Durchgehenlassen von unverantwortlichem Handeln und Verhalten.

Sollten Sie sich jedoch Sorgen um die Entwicklung Ihres Kindes machen, achten Sie unbedingt darauf, daß Sie sich nicht noch angreifbarer machen. Wenn Sie Ihre Besorgnis jemandem mitteilen und dieser Ihnen das Gefühl der Unzulänglichkeit nicht nehmen kann, schauen Sie sich stattdessen nach einer anderen Unterstützung um. Betrachten Sie es nicht als erneutes Zeichen Ihrer Schwäche.

2.3.4 Wenn Sie sich als alleinerziehender Elternteil angreifbar fühlen

Grundsätzlich wird die Schule kaum die Probleme Ihres Kindes in Ihrer Rolle als alleinerziehender Elternteil suchen. Die meisten Kinder haben in ihrer Schulzeit zu einem bestimmten Zeitpunkt ähnliche Probleme. Die Qualität elterlicher Fürsoge hat aber nichts damit zu tun, ob Sie alleinerziehend sind oder nicht.

2.3.5 Wenn Sie Probleme haben, die tägliche Entwicklung Ihres Kindes nachzuvollziehen, weil Sie nicht mit der Schule in Kontakt treten können

Ein Mitteilungsheft, mit dessen Hilfe Sie sich mit dem Lehrer austauschen und umgekehrt, kann sich als hilfreich erweisen. Wenn Sie beispielsweise Ihrem Kind bei seiner Handschrift helfen, können Sie davon Proben in diesem Heft festhalten, damit der Lehrer sehen kann, was Sie machen, und er Ihnen mitteilen kann, wie Sie ihn auch künftig unterstützen können.

2.3.6 Wenn Sie selbst schlecht in der Schule waren

Ihnen werden die Gefühle Ihres Kindes beim Versuch, etwas schaffen zu wollen, vertraut sein. Sie fürchten vielleicht, daß sich Ihr Kind als Versager fühlt. Hier wäre es hilfreich, wenn Sie und Ihr Kind Hilfe bei einer dritten Person suchen. Der Lehrer Ihres Kindes betrachtet Sie als Elternteil, der sich um sein Kind kümmert, keineswegs als mißratenes Kind.

2.4 Umgang mit heiklen Fragen

Heikel wird es wirklich dann, wenn es sich um Fragen der Freiheit, Sicherheit und Verantwortlichkeit handelt und Sie zu entscheiden haben. In einigen Fällen wird Ihre Entscheidung gesetzlich unterstützt, beispielsweise bei der Schulpflicht oder der Anschnallpflicht im Auto. Aber oftmals müssen Sie allein entscheiden. Arbeiten Sie mit Ihrem gesunden Menschenverstand und vertrauen Sie darauf, daß Sie das Beste wollen.

2.4.1 Wie kann ich meinem Kind seine Freiheit lassen und gleichzeitig notwendige Grenzen setzen?

Im folgenden stellen wir Ihnen zwei Übungen zum Zeitmanagement vor, die es Ihnen ermöglichen sollen, **die Kontrolle zu behalten.** Denken Sie über folgende Fragen nach.

1. Welche Lebensweise erachten Sie für Ihre Familie als wünschenswert?
2. Wieviel Zeit wollen Sie im Familienkreis verbringen?
3. Wieviel Zeit wollen Sie für jedes Kind aufbringen? Diese Zeit kann umfassen: helfen bei den Hausaufgaben, gemeinsame Erledigung von Hausarbeit, zusammen spielen, reden, essen, fernsehen.

4. Wieviel Zeit würden Sie Ihrem Kind gerne zugestehen, in der es eigene Interessen verfolgen kann?
5. Wann sollte Ihrer Meinung nach Ihr Kind ins Bett gehen bzw. aufstehen?

Und hier eine Übung, wie die Zeit Ihres Kindes besser den Anforderungen entsprechend eingeteilt werden kann:

1. Notieren Sie die Anzahl der Stunden, die Ihr Kind zur freien Verfügung hat.
2. Schreiben Sie all das auf, was Ihr Kind tun möchte.
3. Entscheiden Sie, wieviel Zeit Ihr Kind jeder Tätigkeit zuweisen möchte.
4. Anschließend können Sie gemeinsam besprechen, was sinnvoll ist.

Wenn Sie über diese Fragen nachdenken und die Übungen durchführen, können Sie Ihrem Kind zeigen, wie man plant und dabei die Bedürfnisse anderer, Sicherheiten, Zeiteinschränkungen, geographische und finanzielle Grenzen sowie Verantwortlichkeiten berücksichtigt.

Vergessen Sie nicht, daß jede Familie einzigartig ist. Jederzeit kann etwas Unvorhergesehenes geschehen, selbst in Familien, in denen alles zu klappen scheint. Muß die Katze zum Beispiel zum Tierarzt gebracht werden, kann das die exaktesten Pläne durcheinanderbringen, vor allem, wenn alles bis auf die Minute durchgeplant ist. Versuchen Sie, in Ihrem Zeitplan etwas Luft zu lassen, damit ein Notfall Sie nicht aus der Ruhe bringt.

2.4.2 Wie kann ich mich vergewissern, daß mein Kind seine Hausaufgaben macht?

Nun eine Übung zur **gemeinsamen Hausaufgabenplanung:**

1. Setzen Sie sich wie Freunde zusammen, die gemeinsam etwas erledigen wollen.
2. Überprüfen Sie das Hausaufgabenbuch.
3. Schreiben Sie kurz auf, was erledigt werden muß.
4. Legen Sie die verfügbare Zeit fest.
5. Besprechen Sie, was der Lehrer erwartet.

6. Setzen Sie fest, was an Hilfsmitteln, Material und Hilfe benötigt wird.

7. Machen Sie einen Stundenplan, in dem auch festgelegt ist, wann welche Arbeit erledigt sein sollte.

8. Legen Sie die Hilfsmittel bereit.

9. Vereinbaren Sie einen Zeitpunkt, zu dem Sie die Fortschritte der Arbeit überprüfen.

10. Prüfen Sie nach, ob Ihr Kind klarkommt.

11. Besprechen Sie gemeinsam die geleistete Zusammenarbeit und was Sie jeweils daraus gelernt und festgestellt haben.

2.4.3 Wie kann ich sichergehen, daß mein Kind die Sachen, die es hat, auch benutzt? Es hat so viel Spielzeug, das nur im Schrank herumliegt. Was kann ich tun, daß es damit spielt?

Hier eine Übung zur **bestmöglichen Nutzung eines Spiels, Spielzeugs oder einer Aktivität:**

1. Nehmen Sie das Spiel aus dem Schrank.

2. Fragen Sie als erstes: »Was kannst du sehen?«

3. Schreiben Sie Ihre Antwort und die des Kindes auf, wie beispielsweise: eine Schachtel, eine Schrift (auf dem Deckel), ein Spiel, weiß nicht, ein Bild (auf dem Deckel).

4. Die nächste Frage lautet: »Was glaubst du, kannst du damit machen?« Die Frage ist äußerst wichtig, da sie Möglichkeiten zum kreativen Umgang bietet. Widerstehen Sie der Versuchung, die Antworten zu kommentieren. Schreiben Sie sie lediglich auf.

5. Fragen Sie dann, was als nächstes gemacht werden könnte. Vielleicht möchte Ihr Kind die Schachtel öffnen, das Spielzeug zurückstellen oder die Schachtel ausschütten. Wenn es das Spielzeug wegstellen möchte, können Sie ruhig zustimmen, sich jedoch vornehmen, es zu einem anderen Zeitpunkt wieder hervorzuholen. Oder Sie beharren darauf und wecken das Interesse Ihres Kindes für den nächsten Schritt.

6. Wenn Ihr Kind den Deckel abnehmen will, lassen Sie es ruhig gewähren und das Spiel selbständig erkunden. Helfen Sie ihm weiter, falls sein Interesse erlahmt oder seine Möglich-

keiten erschöpft sind, indem Sie Fragen stellen. Doch geben Sie keine Richtung vor.

7. Es kommt vor, daß ein Spiel mehr Geschicklichkeit erfordert, als Ihr Kind zu diesem Zeitpunkt hat. Helfen Sie ihm weiter, damit es fortfahren kann.

8. Wenn Ihr Kind kein Interesse an dem Spielzeug zeigt oder es unsachgemäß benutzt, können Sie es durch Hervorhebung seiner Kenntnisse motivieren und anschließend den nächsten Schritt erklären.

9. Es kommt vor, daß Ihr Kind nähen, stricken oder radfahren lernen will. Sie können darauf vertrauen, daß es dann um Hilfe bitten wird, wenn es sie braucht. Oder Sie erkennen selbst, wann Hilfe benötigt wird, da das Kind von sich aus ein großes Interesse am Erlernen dieser Fähigkeiten zeigt.

2.4.4 Wie kann ich mich vergewissern, daß mein Kind sicher ist? Es will allein zur Schule gehen, aber ich habe zuviel Angst davor. Wie gehe ich mit diesem Freiheitsdrang, ohne erwachsene Begleitperson losmarschieren zu wollen, um?

Es gibt keine unumstößlichen Regeln, da Sie die jeweiligen möglichen Gefahren in Ihrer Gegend einschätzen müssen. Ihre Entscheidung wird stets eine Abwägung bleiben zwischen dem Wunsch, Ihr Kind die Welt selbst entdecken zu lassen und dem Wunsch, es in Sicherheit zu wissen.

Sie können Ihr Kind nicht vor einem betrunkenen Autofahrer, einer Naturkatastrophe oder einem Unfall bewahren. Solche Ereignisse sind vom Schicksal abhängig. Es ist unmöglich, dies vorauszusehen oder gar zu vermeiden.

Wenn Ihr Kind die Regeln für seine Erkundungsgänge kennt, kann es seinem Forscherdrang nachgeben, gleichzeitig seine Unabhängigkeitsbestrebungen ausleben und die Risiken geringhalten. Folgende Regeln gelten auch für Ihr Kind:

- Ihr Kind kennt die eigene Telefonnummer und Adresse sowie die Nummer Ihrer Arbeitsstelle.
- Eine vorher bezeichnete Person muß stets über den jeweiligen Aufenthaltsort Ihres Kindes Bescheid wissen.

- Vereinbarungen dürfen nicht ohne Absprache geändert werden.
- Wenn Sie zusammen ausgehen, müssen Sie mit Ihrem Kind, für den Fall einer Trennung, einen Treffpunkt vereinbaren.
- Das Kind muß die Vereinbarungen wiederholen, damit Sie sichergehen können, daß es alles verstanden hat.
- Sorgen Sie dafür, daß Ihr Kind die richtige Ausrüstung hat, wenn es nach draußen geht – eine Mütze gegen die Sonne, einen Helm zum Fahrradfahren, Münzen für das Telefon usw.
- Es muß mit einem Erwachsenen absprechen, daß alles klar ist, wenn es geht.
- Es muß sagen, wann es geht und wann es wiederkommt.
- Es muß sagen, wohin es geht und mit wem.
- Es muß klar sein, daß das Nachdraußengehen sicher ist und mit den Bedürfnissen anderer im Einklang steht.

Ihr Kind muß wissen, daß Sie nach jedem seiner Alleingänge entscheiden können, wieviel Unabhängigkeit ihm das nächste Mal zugestanden werden kann.

Ihr Kind kann auch dann nach draußen gehen, wenn einmal etwas schiefgelaufen ist. Aber Sie müssen mit ihm darüber reden, was falsch war und was es das nächste Mal anders machen soll.

Ihrem Kind muß klar sein, daß es nicht in das Auto eines Betrunkenen steigen, mit einem Fremden gehen oder sich gefährlichen Situationen aussetzen darf, sondern sich an einen sicheren Ort begeben oder Sie anrufen muß.

Kinder müssen wissen, welche Orte im Fall eines Falles sicher sind. Sie können mit Ihrem Kind die Orte absprechen, wie z. B. eine Polizeiwache, die Wohnung eines Freundes, die Schule oder die Bücherei.

2.4.5 Wie kann ich feststellen, daß die Leidenschaften meines Kindes harmlos sind?

Fernsehen, Computer, Freunde, Bücher, ein Idol, Religion oder ein Hobby können Ihr Kind ganz und gar gefangennehmen.

Diese Obsessionen sind ein Teil des Erwachsenwerdens, und wenn sie Ihrem Kind bei der Entwicklung weiterhelfen, können sie durchaus förderlich sein. Wenn sie ihm beim Lernen helfen, es neue Leute kennenlernt, zur Übernahme von Verantwortung geführt wird und Sie neue Fähigkeiten feststellen, kann ein solcher Enthusiasmus dazu beitragen, sich in die Gesellschaft zu integrieren.

Es kommt oft vor, daß Ihre Angebote nicht dem entsprechen, was Ihr Kind im Moment selbst will und was es will, können Sie ihm nicht bieten. Das bedeutet jedoch nicht, daß es Sie nicht liebt.

Doch was ist, wenn dieses leidenschaftliche Interesse den Schlaf, die Hausaufgaben oder das Familienleben beeinträchtigt, das Verhalten des Kindes verändert oder es gar zum Stehlen oder Lügen verleitet?

Wenn das Interesse Ihres Kindes sich als derartig ungesund oder ausufernd erweist, sollten Sie ihm durch Vorschläge helfen, sein Gleichgewicht wiederherzustellen. Sie können zum Beispiel darüber sprechen, wieviel Zeit auf eine Aktivität verwendet werden kann, und erklären, wie wichtig es ist, daß das Kind seinen Teil an Verantwortung eigenständig übernimmt.

Gehen Sie sicher, daß ein derartiger Enthusiasmus das Familienleben nicht beeinträchtigt. Vertrauen Sie auf Ihren gesunden Menschenverstand und legen Sie eine Zeit fest, in der sich alle Familienmitglieder vor dem Schlafengehen zu einem Gespräch zusammensetzen.

2.4.6 Sollte ich mir wegen des Computers Sorgen machen?

Manche Kinder werden »computersüchtig« und können sich kaum vom Bildschirm lösen. Sollte das mit dem

Familienleben oder den Schulpflichten in Konflikt geraten, dann versuchen Sie Ihrem Kind klar zu machen, warum es wichtig ist, auch andere Dinge zu tun.

- Verbringt Ihr Kind viel Zeit mit Computerspielen?
- Zeigt es dabei Zeichen von Reizbarkeit?
- Spricht es nicht mehr mit Ihnen?
- Wissen Sie, welche Programme es verwendet?
- Beschäftigt es sich noch mit Büchern?
- Treibt es noch Sport?

Lassen Sie sich nicht von der Technologie beherrschen. Es ist vielleicht nicht immer einfach, mit Dingen umzugehen, mit denen Sie selbst als Kind nicht vertraut waren, weswegen Sie Gefahren und Nutzen nicht einschätzen können. In den Gesprächen mit Ihrem Kind können auch Computer thematisiert werden. Bitten Sie Ihr Kind um Unterweisung. Nehmen Sie sich Zeit, es selbst herauszufinden und lernen Sie gemeinsam.

2.4.7 Wie kann ich dafür sorgen, daß mein Kind nach draußen geht und mit anderen spielt? Wie kann ich ihm ein gutes Selbstwertgefühl vermitteln?

Ihr Kind hält sich zum Beispiel für unansehnlich, weil es glaubt, es sei zu dick, zu dünn, das kleinste Kind der Klasse oder kurzsichtig und deshalb Brillenträger.

Sie müssen versuchen, Ihrem Kind die Erfahrung und das Verständnis zu vermitteln, daß alle Menschen verschieden sind.

Folgende Übung zur **Gewinnung von Selbstachtung** kann Ihnen dabei helfen:

1. Reden Sie mit Ihrem Kind darüber, wie es gerne aussehen würde. Präzisieren Sie die Beschreibung so genau wie möglich.
2. Malen Sie gemeinsam ein Bild.
3. Gehen Sie an einen Ort, wo möglichst viele Kinder sind.

4. Stellen Sie die Charakteristika von beispielsweise jedem zehnten Kind fest.
5. Finden Sie heraus, in welchem Fall es mit der Zeichnung übereinstimmt.
6. Zählen Sie nach, wieviele dieser Kinder der Idealvorstellung Ihres Kindes entsprechen.

Das wird Ihrem Kind zu der Erkenntnis verhelfen, daß nur wenige Menschen perfekt aussehen.

Gelegentlich ist es auch hilfreich, Familienmitglieder oder Freunde zu fragen, was sie selbst an sich verändern würden. Wenn Ihr Kind mitbekommt, daß viele Menschen, die es für gutaussehend hält, eigentlich ganz anders aussehen wollen, wird es lernen, sich selbst zu akzeptieren.

2.4.8 Wie geht man mit Gewalt um?

Wenn Ihr Kind eingeschüchtert wird, müssen Sie das Problem mit ihm lösen. Reden Sie mit Ihrem Kind darüber, wo und was vorgefallen ist und wer es tyrannisiert. Fragen Sie Ihr Kind, welche Hilfe es von Ihnen erwartet. Möglicherweise möchte es das Problem alleine lösen, aber vertraut in gewisser Weise auf Ihre Unterstützung.

Wenn es sich dabei um Gewalt in der Schule handelt und Ihr Kind Sie um Hilfe bittet, treten Sie mit der Schule in Kontakt und vereinbaren Sie einen Gesprächstermin. Fragen Sie nach, wie generell mit derartigen Einschüchterungen umgegangen wird.

Machen Sie sich zuvor mit Ihrem Kind Notizen, damit die Details dargelegt werden können. Bitten Sie einen Freund um Begleitung, falls Sie sich dadurch besser fühlen.

Machen Sie sich auch während des Treffens Notizen, und definieren Sie möglichst klar,

1. was die Schule unternehmen wird,
2. was die Schule von Ihnen erwartet und
3. was die Schule von Ihrem Kind erwartet.

Sollten die Einschüchterungsversuche außerhalb der Schule vorkommen, versuchen Sie, nach dem gleichen Prinzip vorzugehen. Da dies ein Beziehungsproblem ist, liegt die beste Lösungsmöglichkeit in der Auseinandersetzung und

Bereinigung zwischen beiden Parteien. Beide sollten sich in diesem Fall geachtet fühlen, die Bedürfnisse und Gefühle des jeweils anderen respektieren und Verständnis dafür entwickeln, warum eine Lösung unerläßlich ist.

Wenn Sie ein Treffen mit anderen Eltern und Kindern vereinbaren, protokollieren Sie die Diskussion und stellen Sie sicher, daß sich alle Beteiligten verstanden fühlen.

2.5 Großelterliches Durchsetzungsvermögen

Sollten Sie ohnehin über eine gute Beziehung zu den Großeltern Ihrer Kinder verfügen, wissen Sie bereits um den Gewinn, den Großeltern nicht nur für Ihr Kind, sondern auch für Sie selbst darstellen können.

Dennoch fühlen sich viele Eltern von den Großeltern unter Druck gesetzt. Großeltern können den jungen Eltern auch wie Diebe erscheinen, die ihnen das Kind stehlen und verhätscheln wollen. Wenn Sie jedoch einen Weg finden, wie die Großeltern einvernehmlich Anteil am Leben des Kindes nehmen können, können alle davon profitieren.

2.5.1 Großeltern können ...

- eine Nähe entwickeln, die Ihrem Kind angenehm ist,
- sich Zeit und Muße für ihre Enkel nehmen, da es sich meist um begrenzte Zeiträume handelt. Großeltern können ihre Zeit besser einteilen, da sie um die Begrenztheit wissen.
- Gemeinsamkeiten erkennen, die Ihr Kind mit anderen Familienmitgliedern teilt. Großeltern sehen Ihr Kind nicht nur als Gesamtheit aller Eigenschaften, sondern als jemanden, der mit Personen aus der Verwandtschaft Ähnlichkeiten aufweist.
- ihre eigenen Pläne zugunsten Ihres Kindes ändern,
- Sie in den Angelegenheiten Ihres Kindes beruhigen,
- ihre Erfahrungen zugunsten Ihres Kindes nutzen.

2.5.2 Opa und Oma eines cleveren Kids sein

Zu Großeltern wird man nicht ausgebildet. Sie haben vielleicht nur eine vage Vorstellung Ihrer Reaktion, wenn ein Enkel zur Welt kommt, und gehen davon aus, daß die Geburt eines Enkels kaum Einfluß auf Ihr Leben nehmen wird. Die Realität stellt sich jedoch ganz anders dar, selbst für Großeltern, die weit entfernt leben oder berufstätig sind.

Die Geburt eines Kindes bringt für alle Beteiligten eine Zeit emotionaler Tiefe mit sich. Man kann nicht voraussehen, welche Gefühle und Veränderungen ein Enkel in Ihr Leben bringt. Zu Großeltern gemacht zu werden, bedeutet meist eine gewaltige Veränderung.

Sie empfinden in der Regel Verantwortung und hoffen, daß Sie Ihrem Kind all die Fähigkeiten vermittelt haben, die es notwendigerweise im Umgang mit diesem neuen Leben braucht.

Sie erinnern sich wahrscheinlich an Ihren Ärger über besserwisserische, ältere Menschen, als Sie selbst als junge Eltern angreifbar und unerfahren waren. Sie haben sich vermutlich geschworen, nicht in den gleichen Fehler zu verfallen, wenn Ihre eigenen Kinder zu Eltern werden.

Nun Sie sind älter geworden, haben Ihre Kinder erfolgreich großgezogen und wissen, wie das Leben spielt. All Ihre guten Vorsätze, Ihre erwachsenen Kinder eigene Fehler machen zu lassen, verschwinden, wenn ein Enkel geboren wird.

Die Geburt des ersten Enkels bedeutet die Ankunft einer neuen Generation. Es ist wie ein Wunder, da ein Baby die Fortsetzung der Familie bedeutet. Seine Geburt zeigt an, daß nichts in der Familie wie zuvor sein wird, da es völlig neue Perspektiven der Familie eröffnet.

Ebenso wie Sie einst durch Gespräche mit Gleichgesinnten über die Hochs und Tiefs lernten, zu Eltern zu werden, sollten Sie nun auch mit anderen Großeltern reden. Sie werden erstaunt sein, wieviele Menschen die gleichen Sorgen und Freuden haben.

3 Weshalb Kinder stolpern

3.1 Fielen sie von selbst ...?

Ihr Kind kann aus vielerlei Gründen stolpern. Kinder, die die Anforderungen nicht verstanden haben, werden im Unterricht versagen, weil sie nicht wissen, auf was sie wann achten sollen oder gar, wie sie achtgeben sollen. Lernen bedeutet zu wissen, wann es wichtig ist, aufmerksam zu sein.

Sollten Sie an Ihrem Kind Verhaltensweisen aus dem »ABC des Stolperns« auf der nächsten Seite wiederfinden, oder hat Sie eine Lehrperson darauf aufmerksam gemacht, dann werden Ihnen die folgenden Ratschläge dabei helfen, Ihr Kind zu einem »cleveren Kid« zu machen.

Lassen Sie sich die Wirkungsweise eines jeden dieser Stolpersteine mit einem Beispiel erläutern.

3.1.1 Quasseln im Unterricht

Manuela konnte nicht verstehen, warum sie niemand mochte. Im Unterricht wollte sie immer dann mit anderen Kindern reden, wenn diese ihre Arbeit machen wollten.

Erklären Sie einem Kind wie Manuela, daß es eine Zeit zum Arbeiten und eine zum Unterhalten gibt.

Das ABC des Versagens

Kinder, die stolpern ...

- **a**lbern herum,
- **b**rauchen zum Arbeiten jemanden, der neben ihnen sitzt,
- halten sich für **c**lever,
- **d**rängeln sich gedankenlos vor,
- **e**rzählen Märchen,
- verlieren ihren **F**üllhalter,
- **g**ähnen – und ermüden damit auch alle anderen,
- **h**aben eine miserable Handschrift – ihre Hefte sehen wie Tintenkleckse aus,
- ärgern **i**mmer die Lehrer, weil sie es lustig finden,
- **j**uxen herum und stören dauernd den Unterricht,
- erwarten, daß man ihnen alles mindestens zweimal **k**larmacht,
- **l**esen nur flüchtig,
- **m**achen dumme Fehler und hören nicht zu,
- passen **n**iemals auf, wo sie aufpassen sollten,
- stehen **o**hne Unterlaß auf und laufen herum,
- sind **p**atzig,
- **q**uasseln im Unterricht,
- **r**eagieren mit unsinnigen Antworten,
- **s**ind faul und machen einen teilnahmslosen Eindruck,
- **t**un nur so, als ob sie arbeiteten,
- sind **u**nordentlich,
- sind **v**erspielt,
- **w**issen nicht, was von ihnen erwartet wird,
- fi**X**ieren einen unsichtbaren Punkt in der Luft,
- **z**iehen durch Auffälligkeiten die Aufmerksamkeit der Lehrperson auf sich.

Kinder, die stolpern ...

3.1.2 ... halten sich für clever

Erik war der Meinung, daß alle Antworten, die er aufschrieb, richtig sein müßten, schließlich hatte er sie aufgeschrieben. Einem Kind wie Erik kann dadurch geholfen werden, wenn man ihn stets im Auge behält und ihm behutsam beibringt, wann er etwas falsch versteht.

3.1.3 ... albern herum

Markus alberte liebend gern herum. Er glaubte, daß er in der Schule alle unterhalten müsse. Es mußte ihm erst beigebracht werden, daß auch andere Leute Rechte haben – das Recht, Ruhe zu haben und das Recht weiterzuarbeiten. Nun arbeitete Markus auch und konnte gleichzeitig Spaß haben.

3.1.4 ... hören nicht zu

Sabine schwatzte unaufhörlich und hörte gar nicht, was andere sagten. Sie strapazierte jeden in ihrer Umgebung. Als sie jedoch gelernt hatte, sich zu entspannen, erkannte sie, daß sie von anderen Leuten lernen kann. Da sie nun ruhiger war, waren die anderen auch bereit, ihr etwas beizubringen.

3.1.5 ... erwarten, daß man ihnen alles mindestens zweimal klarmacht

Andreas wartete stets auf eine persönliche Einladung, um aktiv zu werden. Wenn Ihr Kind Zeit vertrödelt, erklären Sie ihm, daß es Ihre Zeit ist. Da Sie sich Trödelei nicht leisten können, werden Sie ihm auch nicht helfen können, wenn er Ihre Hilfe braucht. Andernfalls muß er Ihnen helfen, um die verlorene Zeit wieder aufzuholen.

3.1.6 ... sind verspielt

Johannes spielte dauernd mit seinem Stift oder anderen Gegenständen herum und störte damit den Lehrer und seine Klassenkameraden. Er merkte gar nicht, wie nervend das war, und fühlte sich bloßgestellt, wenn man ihn ausschimpfte. Er muß begreifen, daß sein Verhalten unfair ist – er hindert die anderen daran, sich zu konzentrieren und zu lernen.

3.1.7 … geben unsinnige Antworten

Doris glaubte, daß dem Lehrer jede Antwort recht sei. In diesem Fall sagt man ihr am besten, daß sie zuerst eine Minute nachdenken soll, bevor sie antwortet.

3.1.8 … haben keine Ahnung, was von ihnen erwartet wird

Peter zuckte dauernd mit den Achseln und sagt: »Ich habe keine Ahnung, was ich eigentlich machen soll« – was ein Lehrer oder sonst jemand, der ihm helfen will, als Beleidigung auffassen könnte. Ihm muß beigebracht werden, wie er anfangen kann und dann Hilfe erhält, so daß er sagen kann: »Ich weiß nicht, wie ich es anfangen soll, weil ich Angst habe hängenzubleiben. Kannst du mir bitte helfen?«

3.1.9 … ärgern ihre Lehrer, weil sie es lustig finden

Thomas wußte nicht, wann er aufhören muß. Das war anfangs zwar lustig, aber am Ende nervtötend. Er braucht Unterstützung, um auf die Bremse treten zu können, und er muß wissen, wie und wann er aufzuhören hat.

3.1.10 … drängeln sich gedankenlos vor

Susanne ist so mit dem nächsten Schritt beschäftigt, daß sie nie mitbekommt, was vor ihrer Nase passiert. Wenn es Ihrem Kind ähnlich ergeht, fragen Sie es als erstes, was es gerade macht und dann, was es eigentlich machen soll. Nach und nach wird es mitbekommen, daß seine Arbeit geregelt sein muß und daß der erste Schritt wichtiger ist als der zweite.

3.1.11 … stehen ständig auf und laufen herum

Auf diese Weise versucht ein Kind, einer Sache aus dem Weg zu gehen, aber dies kann zur Angewohnheit werden. Geben Sie ihm eine Aufgabe, von der Sie wissen, daß es sie bewältigen kann. Bestehen Sie darauf, daß es sie ohne Herumlaufen erledigt, um ihm diese Eigenart abzugewöhnen.

3.1.12 ... verlieren ihren Füllhalter

Kein Kind sollte nur einen Füllhalter oder Stift besitzen. Wenn Ihr Kind sein Schreibmaterial verlegt, sollten Sie mehrere Stifte bereithalten und es dazu veranlassen, jeden Morgen, bevor es zur Schule geht, eine Checkliste aller benötigten Gegenstände durchzugehen, damit Fehlendes rechtzeitig ersetzt werden kann.

3.1.13 ... machen dumme Fehler

Bringen Sie Ihrem Kind bei, daß es viele kleine Teile einer Aufgabe gibt, die es erledigen kann. Eine Möglichkeit ist, ein dickes, gewichtig aussehendes Buch hervorzuholen und ihm zu zeigen, wieviele Wörter es auf einer Seite tatsächlich lesen kann. Das gleiche gilt für andere Aufgaben – es gibt viele Teilgebiete davon, die es ohne Fehler machen kann.

3.1.14 ... passen niemals auf, wo sie aufpassen sollten

Barbara hatte nicht mitbekommen, daß sie dazugehört. Sie weiß noch nicht einmal genau, warum sie überhaupt in der Schule ist. Machen Sie mit ihr eine Wahrnehmungsübung, damit sie allmählich erkennt, wieviel sie lernen kann, wenn sie aufpaßt.

3.1.15 ... arbeiten nur dann, wenn jemand neben ihnen sitzt

Bitten Sie Ihr Kind, in einer Minute soviel zu erledigen, wie es kann. Setzen Sie sich zunächst neben Ihr Kind und rücken dann Stück für Stück weiter von ihm fort. Behalten Sie es genau im Auge, und wenn es aufhört zu arbeiten, fragen Sie es nach dem Grund. Setzen Sie sich wieder daneben, bis es weiterarbeitet. Wiederholen Sie den Vorgang, bis das Kind allein arbeiten kann.

3.1.16 ... tun nur so, als ob sie arbeiten

Kerstin kann wunderbar so tun, als ob sie arbeitet. Sie sieht dann beflissen und gut vorbereitet aus. Solche Kinder sind nur schwer zu ertappen, oft ist es fast zu spät. Sie müssen lernen, daß die einzige Person, die unter ihrem Nichtstun zu leiden hat, sie selbst sind, und daß sie vorankommen, wenn sie bereit sind zu lernen.

3.1.17 … sind streitsüchtig
Christian kommt oft angerannt und erzählt, was jemand anderer gerade tut. Er muß lernen, daß das für andere sehr verletzend sein kann, und auch, daß der Lehrer es durchaus schätzt, wenn er ihm wichtige Dinge erzählt. Deswegen muß er den Unterschied zwischen wichtig und unwichtig lernen.

3.1.18 … lesen nur flüchtig
Sandra ist in der Lage zu lesen, doch sie liest immer noch nachlässig. Vielleicht versteht sie nicht, daß sie sich verbessern muß, daß sie durch sorgfältiges Lesen Wissen erlangt, oder sie weiß nicht, wie man liest, um den Sinn zu erfassen.

3.1.19 … fixieren unsichtbare Punkte in der Luft
Wenn Patrick in die Luft starrt, glaubt der Lehrer, daß er nicht zuhört, obwohl er es tut. Er muß lernen, daß der Lehrer davon überzeugt ist, daß er zuhört, wenn Patrick ihn anblickt, und daß er arbeitet, wenn er in sein Heft schaut.

3.1.20 … erzählen Märchen
Laura scheint zu lügen, doch in Wirklichkeit erzählt sie nur Märchen. Sie möchte, daß die Wirklichkeit so ist, wie sie sie beschreibt. Sie ist nicht darauf aus, jemanden zu beschummeln, sie möchte die Welt nur anders sehen. Ein Kind wie sie muß lernen, daß es nach jeder »Märchengeschichte« sagen muß, daß sie erfunden und nicht wahr gewesen ist.

3.1.21 … sind unordentlich
Das Bemühen um Ordnung kann bedeuten, daß ein Kind auf dem bestem Wege ist zu lernen. Schlampige Hausaufgaben erwecken den Eindruck, daß sie dem Kind egal seien.

3.1.22 … fallen auf
Ein Kind ist beispielsweise dann auffällig, wenn es eine tiefe Stimme oder eine besondere Frisur hat oder anders geklei-

det ist. Es muß lernen, daß alles, was es macht, aus diesem Grund eher wahrgenommen wird. Es muß mit dem Problem leben, doch gibt es unter Umständen auch Wege, die die Auffälligkeit mindern.

Wenn es sich um das Verhalten des Kindes handelt, das die Aufmerksamkeit des Lehrers auf sich zieht, fragen Sie es danach, wie es sein Verhalten zu ändern gedenkt, so daß der Lehrer sich auf das Unterrichten konzentrieren kann. Erinnern Sie es daran, daß es deswegen zur Schule geht, weil es lernen darf.

3.1.23 ... haben eine miserable Handschrift
Wenn ein Lehrer Zeugnisse ausstellt oder Lernerfolgsberichte schreibt, wird er sich auch an die Schreibhefte des Kindes erinnern. Da Lehrer auch nur Menschen sind, wird er besonders gern ein ordentliches Heft mit leserlicher Handschrift in die Hand nehmen. Manchmal haben Kinder jedoch eine so krakelige Handschrift, daß man sie kaum entziffern, geschweige denn überprüfen kann, ob die Rechtschreibung richtig oder falsch ist.

3.1.24 ... sind verstockt
Jürgen kannte alle Erklärungen, erhielt jegliche Unterstützung und alles Verständnis und änderte sich dennoch nicht. Er läuft Gefahr, alle Sympathien zu verlieren, da nichts von ihm zurückkommt. Jürgen muß lernen, daß er die Hilfe anderer Leute braucht, und er muß einen Weg finden, wie er dazu beitragen kann, daß ihm andere helfen, und wie er sich selbst helfen kann.

3.1.25 ... gähnen
Lisa gähnt, weil sie sich überlastet und furchtbar müde fühlt, und weil sie hofft, daß das Gähnen den Unterricht abbricht. Um Ihr Kind von dieser Angewohnheit abzubringen, übertragen Sie ihm nur einen kleinen Teilbereich der Aufgabe, den es erledigen kann. Wenn es mehr Selbstvertrauen entwickelt hat, kann es weitere Aufgaben in Angriff nehmen. Es muß ihm deutlich werden, daß es schließlich die gesamte

Aufgabe lösen kann. Anfangs muß es sich zuvor selbst beweisen, daß es sie schrittweise erledigen kann.

3.1.26 … sind faul und machen einen unaufmerksamen Eindruck

Maria nutzt jeden Trick, um sich vor der Arbeit zu drücken. Sie kommt zu spät, macht sich frühzeitig zum Gehen bereit, braucht eine Ewigkeit, um ihr Heft aufzuschlagen, und meint dann, ein Lineal zu benötigen. Sie weiß, wie man sich durch den Tag mogelt und sieht zu, Druck zu vermeiden oder zu ignorieren. Durch Lob für das Geleistete kann man ein solches Kind dazu bringen, die angenehmen Seiten von Arbeit zu erkennen.

3.2 Oder wurden sie gestoßen?

Das Stolpern Ihres Kindes mag vielleicht von einem Ereignis herrühren, das es körperlich oder emotional beeinflußt. Vielleicht will Ihr Kind ja aufpassen, doch es wird von anderen Dingen abgelenkt.

Für einige Kinder besteht das Leben aus lauter Hindernissen. Betrachten wir einige Beispiele der daneben aufgeführten Hindernisse genauer.

3.2.1 Schwierige Geburt

Lukas kam zu früh zur Welt und verbrachte die ersten beiden Jahre seines Lebens im Sauerstoffzelt. Er war und ist von zarter Konstitution. Die Einschränkungen, die Lukas als Säugling und Kleinkind zu erdulden hatte, führten dazu, daß er die Erfahrungen versäumte, die Kinder im Alter von dreieinhalb Jahren normalerweise haben, wie umarmt, geschaukelt, geknuddelt zu werden und andere Ausdrucksformen körperlicher Nähe. Lukas wurde auch die Möglichkeit versagt, von allen anderen bestaunt zu werden.

Sein Schicksal ist beispielhaft für die Auswirkungen medizinischen Fortschritts. Er wurde künstlich am Leben erhal-

Das ABC des

Kinder geraten aus der Bahn durch ...

- **A**llergien und Augenprobleme,
- ein neues **B**aby in der Familie,
- ein Wuns**c**hkind- und Einzelkinddasein,
- unangenehme **E**rfahrungen in den ersten Schuljahren,
- **F**amilienkrisen,
- eine schwierige **G**eburt,
- **H**örprobleme,
- **I**ntrovertiertheit,
- ihre Position als der oder die **J**üngste, Kleinste oder Größte in der Klasse,
- **K**ummer,
- eine **l**ebensbedrohende Krankheit,
- leistungsmindernde **M**edikamente,
- **m**angelnden Ansporn,
- **N**ervosität,
- **p**hysische Schwierigkeiten,
- **R**eaktion auf Gewalt,
- ein **s**chwerkrankes Familienmitglied,
- die **S**cheidung der Eltern,
- **t**raumatische Ereignisse,
- einen **U**mzug,
- unverarbeitete **V**eränderungen,
- **v**erzögertes Sprechenlernen,
- ihre zurückhaltende oder un**w**irsche Art,
- **Z**wangsausübung.

ten und überlebte wunderbarerweise. Für ihn bedeutet es jedoch, daß er sehr viel Unterstützung benötigt. Wenn ihm diese Unterstützung bei Bedarf zuteil wird, ändert er sich vollkommen. Doch wann diese Unterstützung vonnöten ist, kann man nicht immer voraussehen.

Manchmal geht er in einer unserer Sitzungen selbstbewußt auf jede Aktivität ein, in dem Wissen, daß jemand da ist, wenn er ihn braucht. Dann wieder braucht er einen Erwachsenen neben sich, der ihm sofort Unterstützung gewährt. Im ersten Fall kann der Abstand zwischen Lukas und dem Erwachsenen zwei bis sechs Meter betragen, im zweiten Fall darf der Erwachsene nicht weiter als einen halben Meter entfernt sitzen.

Abgesehen davon macht Lukas rasante Fortschritte. Wenn Experten seine Fähigkeiten mit anderen Kindern seines Alters vergleichen würden, wären sie besorgt. Doch wenn sie seine Fortschritte in den letzten zwei Monaten betrachteten, wären sie begeistert.

Wenn Sie mit Ihrem Kind – aus welchem Grund auch immer – einen Experten aufsuchen, wird er zunächst überprüfen, ob Ihr Kind etwas richtig machen kann oder nicht. Kinder, die dazu in der Lage sind, werden einen Pluspunkt erhalten. Diejenigen, die es nur fast können, werden vermutlich nichts bekommen.

Vertrauen Sie Ihrem gesunden Menschenverstand. Wenn Sie feststellen, daß Ihr Kind immer mehr Fertigkeiten entwickelt und weiterlernt, können Sie sicher sein, daß es vorankommt. Ein Fortschritt ist beispielsweise, wenn es vor ein paar Wochen seine Schuhe noch nicht selbst zubinden konnte und es jetzt mühelos kann.

3.2.2 Traumatische Ereignisse

Sollte Ihr Kind irgendein Trauma erlitten haben, ist es von größter Bedeutung, daß die Menschen, die mit ihm zu tun haben, Verständnis zeigen.

Verständnisvoll sein heißt zu begreifen, daß Ihr Kind Hilfe braucht, um die anderen Kinder im gleichen Alter einzuholen. Solche Kinder brauchen:

60

- Mehr Ruhe als andere Kinder, die nicht krank waren,
- Nachhilfe in Dingen, die sie versäumt haben,
- Aufmunterungen, daß sie in der Schule ihr Bestes tun sollen,
- Rückhalt, wenn sie sich aufgrund des früheren Geschehens anfällig fühlen,
- Erklärungen und keine Entschuldigungen, wenn sie ihre Aufgaben nicht bewältigen,
- Hilfeleistung beim Wiederherstellen alter und/oder Knüpfen neuer Freundschaften.

Vor allen Dingen aber muß diesen Kindern die Gelegenheit gegeben werden, ihr ganzes Potential zu entfalten.

3.2.3 Lebensbedrohende Krankheit

Im Alter von 18 Monaten erkrankte Jakob an Leukämie, an der er mehrere Jahre litt. Nach dem Trauma brauchte er Zeit, sich darauf einzustellen, daß er nicht im Mittelpunkt der Welt, der Schule, der Familie und seiner Geschwister stand. Er fürchtete sich davor, erneut zu erkranken. Die Schule war für ihn ein Problem, da er viel versäumt hatte. Er war einsam und ängstlich, und selbst seine Lehrer betrachteten seine geringen Leistungen als Beweis seiner mangelnden Intelligenz.

Denken Sie daran, daß Ihr Kind nicht alles haben kann, was und wann es will. Es muß lernen, daß auch andere Menschen Probleme, Empfindlichkeiten und Prioritäten haben. Es muß erkennen, daß es in einer Gemeinschaft lebt – Elternhaus, Klassenzimmer und Schule –, und daß andere Menschen zumindest manchmal an erster Stelle stehen.

3.2.4 Physische Probleme

Klaus litt unter einer Muskeldystrophie und wurde im Alter von sechs Jahren von seinen Lehrern als faul oder unfähig eingestuft, da er nicht von der Tafel abschreiben konnte. Die Tafel befand sich jedoch hinter seinem Rücken und die Anstrengung sich herumzudrehen, überstieg seine Kräfte. Der Lehrer ging jedoch davon aus, daß Klaus sich durchaus umdrehen könne, wenn er fähig oder willens wäre, von der Tafel abzuschreiben.

3.2.5 Allergien

Wenn Sie nicht herausfinden können, warum Ihr Kind Probleme hat, könnte es an einer Allergie liegen. Kinder mit Allergien sind manchmal entspannt, fröhlich, liebenswürdig, lustig, geistig wach, energiegeladen, in der Lage zuzuhören und sich einer Sache zu widmen.

Aber zu anderer Zeit sind sie launisch, jammernd, unberechenbar, wütend, trotzig, weinerlich, ungeschickt, deprimiert, schlecht aussehend mit dunklen Ringen unter den Augen, nervös und fahrig, albern und geschwätzig, feindselig, schläfrig (manchmal so schläfrig, daß sie völlig erschöpft ins Bett fallen), lernunfähig, desinteressiert.

Ein Kind mit Allergien mag manchmal auch sabbern, Muskelschmerzen haben und über Kopf- und Gelenkschmerzen klagen.

Diese Beschreibung mag zwar auf viele Kinder zutreffen. Wenn dieses Verhalten jedoch durch eine Allergie verursacht wurde, wird es schwierig sein, das Kind aufzumuntern. Ein solches Kind wird darüber genauso unglücklich sein wie Sie, doch wird es sein Elend lediglich durch lethargisches oder mürrisches Verhalten zeigen.

Die Wandlung von hyperaktiv zu konzentriert

Die fünfjährige Amy sollte von der Schule gewiesen werden. Sie war laut, ungeschickt, hyperaktiv und zudem trotzig. Ihre Mutter glaubte, daß sie gegen etwas allergisch sei und gab ihr keinen Orangensaft mehr zu trinken, was jedoch keine Änderung bewirkte.

Nachdem Amy wieder einmal sehr ungezogen gewesen war, dachte ihre Mutter darüber nach, was sie sonst noch gegessen haben könnte. Sie fand heraus, daß Amys Zustand durch Zwieback hervorgerufen wurde.

Nachdem Amy keinen Zwieback mehr erhielt, hörte auch ihr furchtbares Betragen auf und die wahre Amy kam zum Vorschein. Sie war nun gelassen, konzentriert und liebenswert.

Wenn Sie den Verdacht haben, daß Ihr Kind unter einer Allergie leidet, listen Sie die Verhaltensmerkmale Ihres Kindes und die Lebensmittel auf, die es gegessen hat. Kommt ein bestimmtes Verhalten nur dann zum Vorschein, nachdem Ihr Kind etwas Bestimmtes gegessen hat? Dann besteht die Möglichkeit, daß Ihr Kind gegen dieses Lebensmittel allergisch ist.

Wenn die Ernährung offenbar nicht die Ursache des Problems ist, überlegen Sie, womit Ihr Kind sonst in Kontakt gekommen ist. Seife, Schuhcreme und sonstige Haushaltsmittel können Allergien verursachen. Ein Buch über Allergie wird Ihnen mit Ernährungs- und Therapievorschlägen weiterhelfen.

3.2.6 Ratschläge gegen Intuition

Bei vielen dieser »Hindernisse« suchen Sie vielleicht lieber den Rat eines Experten. Doch sollte Ihnen klar sein, daß Experten Ihr Kind ganz schnell in eine Schublade stecken.

Es ist von großer Bedeutung, daß Kinder nicht durch die Meinung anderer in ihrem Können eingeschränkt werden.

Reden Sie mit jemandem, den Sie kennen und dem Sie vertrauen oder der zumindest zuzuhören versteht. Eltern sind zwar empfindlich, doch denken Sie daran, daß Sie es sind, der für Ihr Kind verantwortlich ist. Hüten Sie sich vor Menschen, die behaupten, solche Probleme gar nicht zu kennen oder Sie nur an einen Spezialisten verweisen. Solche Reaktionen kann man vergessen. Nicht jeder Rat hilft weiter, und mancher kann auch Schaden anrichten.

Notieren Sie alles auf einem Zettel, oder besser noch auf zwei, da es nicht einfach ist, in schwierigen Situationen klar zu denken. Auf dem einen Blatt notieren Sie alle positiven Dinge wie Leistungen, Talente und Erfolge Ihres Kindes. Auf dem zweiten Blatt halten Sie die negativen Dinge fest – Mißerfolge, Sorgen und Probleme. Achten Sie darauf, daß sich die Auflistung auf das Kind bezieht und nicht auf die Eltern.

Wesentlich ist, daß Sie Ihrem Kind zuhören und die Probleme in Angriff nehmen, wenn Ihr Kind sie nicht alleine lösen kann.

Es kommt vor, daß Kinder deswegen nicht lernen, weil sie sich unsicher fühlen, aber den Eindruck vermitteln, sie seien unfähig. So machen sie es jedem schwer, ihnen etwas beizubringen.

Falls Ihr Kind auf diese Weise reagiert, müssen Sie deutlich zeigen, daß Sie ihm deswegen helfen wollen, weil Sie es lieben. Sie können Ihrem Kind beibringen, wie man andere Menschen direkt anblickt, wie man bewußt Fragen stellt, reagiert, wenn man angesprochen wird und sich wie andere Kinder in diesem Alter verhält. Und Sie können Ihrem Kind Selbstvertrauen beibringen.

3.3 Kinder ohne Selbstvertrauen

3.3.1 Größtes, jüngstes, unsicherstes Kind

Im Alter von 14 Jahren weigerte sich Paul, weiterhin zur Schule zu gehen. Er marschierte während des Mathematikunterrichts einfach hinaus mit der Bemerkung, daß Schule Zeitverschwendung sei. Seine Mutter war außer sich.

Wenn Paul über seine Hausaufgaben sprach, war es offensichtlich, daß er sich für dumm hielt. Er zählte zu den schwächsten Schülern und jeder, auch er, alberte im Unterricht herum. Paul war klar, daß er sich bald nach einem Job umschauen mußte und sich dann nicht mehr so verhalten konnte. Aber er wußte nicht, wie er es angehen sollte.

Er hatte keinen Algebraunterricht, da man davon ausging, daß seine Klasse dadurch überfordert sei. Er wurde als minderbemittelt eingeschätzt und für unfähig gehalten, sich zu konzentrieren.

Während seiner ersten Sitzung nahmen wir etwas Algebra durch. Bereits nach zehn Minuten beherrschte Paul die Grundregeln. Das zeigte uns und vor allem ihm, daß er nicht minderbemittelt war.

Am nächsten Abend konzentrierte er sich während einer ganzen Zwei-Stunden-Sitzung auf kompliziertere Algebraaufgaben.

Paul

- war ein klassischer Fall eines Kindes ohne Selbstvertrauen,
- war das größte Kind in der Klasse,
- war zudem das jüngste Kind in der Klasse,
- hatte bei der Einschulung Lehrer, die von ihm wegen seiner Körpergröße erwarteten, daß er sich wie das älteste Kind der Klasse verhielt, ungeachtet dessen, daß er das jüngste war,
- redete langsam und zögerlich, aber gewissenhaft. In der Schule wurde aufgrund der begrenzten Zeit der langsame und zögerliche Aspekt seiner Sprechweise eher registriert als der gewissenhafte,
- hatte selten erfahren, daß Erwachsene ihm beim Lernen helfen,
- hielt sich für dumm,
- hatte Lehrer, die ihn als unbelehrbar einstuften,
- benahm sich aus Wut über diese Behandlung wie ein Rowdy.

Paul steht exemplarisch für Kinder ohne Selbstvertrauen aufgrund äußerlicher Gegebenheiten, in Pauls Fall aufgrund seines Geburtsdatums und seiner Größe.

3.3.2 Wie wir Pauls Problem lösten

Um die Auswirkungen seiner Schulerfahrungen aufzudekken, stellten wir ihm eine Reihe von mathematischen Aufgaben. Es zeigte sich, daß er recht schnell lernen konnte.

Zudem war er auch fähig, Fragen zu stellen, wenn er nicht recht weiter wußte. Wir konnten ihn schließlich auch davon überzeugen, daß er von so rascher Auffassungsgabe war, daß er sich verbessern und bald zu den besseren Schülern zählen könnte.

Sein Selbstvertrauen wuchs sogar so weit, daß er schließlich von sich aus bat, in den Englischkurs aufgenommen zu werden.

Pauls Rechtschreibung und seine Aufsätze waren mangelhaft, doch ebenso wie in Mathematik konnte er sie erfolgreich bewältigen, nachdem er erst einmal die Methode begriffen hatte.

Wir besprachen mit ihm die Auswirkungen, die seine Größe und sein Alter auf die Lehrer hatten. Wir erklärten ihm den Teufelskreis, in dem er gefangen war, da Größe und Alter die Lehrer glauben ließen, daß er nicht lernfähig sei. Da er sich selbst nicht für lernfähig hielt, war er auch nicht in der Lage, sich selbst seinen Lehrern gegenüber als jemanden darzustellen, dem sie helfen könnten.

Kinder wie Paul, die wegen ihres Äußeren mißverstanden werden, gibt es zuhauf. Dazu gehören auch Kinder, die kleinwüchsig sind, dicke Kinder, schielende Kinder, Kinder mit dicken Brillengläsern, Kinder, die verwirrt wirken, weil sie nicht richtig hören oder gar taub sind, Kinder, die mit Medikamenten behandelt werden müssen, die Nebenwirkungen mit sich bringen, wie beispielsweise sabbern, verlangsamte Reaktionen oder ein außergewöhnliches Aussehen. Wenn die Medikamente abgesetzt werden, besteht jedoch die Gefahr, daß die Menschen sie noch immer wie zuvor behandeln.

Wenn Sie befürchten, daß Ihr Kind aufgrund seiner äußeren Erscheinung mißverstanden wird, prüfen Sie nach, ob seine Leistungsfähigkeit richtig erkannt worden ist, zum Beispiel, ob Ihr Kind Dinge äußert, die ein besseres Denkvermögen beweisen, als andere Leute vermutet haben.

Im Unterricht kann das dazu führen, daß bei gleichen Problemen mit den Aufgaben, der Lehrer einem anderen Kind mehr Hilfe zuteil werden läßt als Ihrem Kind, da er glaubt, daß die Hilfe dort besser ankommt. Ein Kind, das keine Unterstützung erhält, wird irgendwann aufgeben, um Hilfe zu bitten, und schließlich dem Unterricht nicht mehr folgen können. Wenn seine Leistungen gänzlich abfallen, wird das als Beweis dafür betrachtet, daß das Kind mit den Aufgaben sowieso nicht klarkommt. Auch das Kind wird schließlich daran glauben.

> Wenn das Potential von Kindern nicht erkannt wird, besteht die Gefahr, daß ihre Lernfähigkeit übersehen wird.

3.4 Kinder mit falschem Selbstvertrauen

Falsches Selbstvertrauen läßt Kinder manchmal ebenso stolpern wie fehlendes Selbstvertrauen.

Zum Beispiel Markus: Als wir ihm das erste Mal begegneten, war er sechs Jahre alt. Seine Hauptprobleme lagen in destruktivem Verhalten in der Schule und in schlechten Mathematikleistungen. Da er eine gute Beziehung zu seiner Lehrerin hatte, war sie ebenso verwundert über seine Lernunfähigkeit wie seine Eltern. Diese fürchteten, daß er unter Rechtschreibschwäche litt oder hyperaktiv sei. Als wir ihm jedoch die erste Lernaufgabe stellten, zeigte sich, daß Mark konzentrationsfähig und denkfreudig war. Seine Probleme wurden offensichtlich, als er sich an die nächste Aufgabe machte und sie nicht richtig lösen konnte. Er begann zu zappeln und wollte nur flüchtige Blicke auf die geforderte Aufgabe werfen.

Markus

- zeigte Selbstvertrauen, da er sich alles, was er glaubte wissen zu müssen, einprägte,
- vertraute auf seinen Erfolg, geriet aber völlig durcheinander, wenn dieser ausblieb,
- konnte Anfang und Ende eines Problems oder einer Aufgabe erfassen, aber nicht den Mittelteil,
- konnte mit dem Herumgezappel nicht aufhören, wenn sich der Erfolg nicht einstellte, was es schwierig machte, ihn zu unterrichten,
- wurde unruhig, da er an sich selbst unrealistische Anforderungen stellte,
- suchte bei sich das Problem, wenn er versagte,
- konnte die Hilfe von Lehrern nicht annehmen.

All diese Verhaltensweisen von Markus ließen ihn im Unterricht als störend und als Lernversager erscheinen. Er übernahm zu früh die Verantwortung für sein eigenes Lernen und wurde bei Versagen völlig konfus. Wenn er nichts Produktives zu tun hatte, trödelte er herum.

3.4.1 Wie wir sein Problem lösten

Um sicherzugehen, daß Markus sich alles, was er wissen mußte, aneignete, brachten wir ihm bei, sich zunächst mit dem ganzen Problem zu befassen, anstatt sich gleich an die Einzellösung zu machen.

Wir ermunterten ihn, uns mitzuteilen, was er seiner Meinung nach tun sollte und was er tatsächlich machen würde. Auf diese Art bekamen wir mit, welche Teile des Problems er ignorierte.

Wodurch erlangt ein Kind Selbstvertrauen?

Kindliches Selbstvertrauen speist
sich aus vielerlei Quellen.

- **Aus dem tiefgreifenden Wissen um ihr Tun:** Ihr Selbstvertrauen ist gerechtfertigt – sie wissen, was und wie es getan werden muß.
- **Aus der Erfahrung, daß sie bereits etwas Ähnliches erfolgreich getan haben:** Das kann seine Richtigkeit haben, doch können Kinder nicht immer die feinen Unterschiede zwischen einer neuen und der alten Situation erkennen.
- **Aus der Gewißheit, eines der Geschwister werde schon für sie einstehen:** Das kann zu Problemen führen, wenn Kinder nicht erkennen, daß sie für ihr Verhalten selbst verantwortlich gemacht werden und daß Geschwister nur in einer kritischen Situation einspringen sollten.
- **Sie glauben, die Aufgabe wäre leicht, weil sie sie mißverstanden haben:** Solche Kinder versagen oftmals, da sie nicht wirklich wissen, was verlangt wird, und es deswegen nicht tun können.
- **Sie glauben, sie schaffen es, weil sie die Gefahren nicht kennen:** Manchmal führt das dazu, daß das Kind einfach loslegt anstatt zuzugeben, daß es etwas nicht

kann. Ein Risiko ist stets vorhanden, doch manche Eltern nehmen dieses Risiko in Kauf, damit das Kind unabhängiger wird.

- **Sie glauben, sie könnten es, weil ein Vorbild es ebenfalls macht:** In diesem Fall kann man nur hoffen, daß das Kind sich ein positives Vorbild ausgesucht hat! Erinnern Sie Ihr Kind daran, daß diese auch nur Menschen sind und manchmal Dinge tun, die Ihr Kind nicht mag oder nicht tun kann und daß es dem Vorbild nicht blindlings folgen sollte.
- **Sie glauben, sie könnten es, weil sie von niemandem jemals davon abgehalten wurden, weswegen sie die Konsequenzen nicht kennen:** Das mag sich als positiv herausstellen, doch braucht ein solches Kind Unterstützung, wenn es schiefgeht.
- **Aus der Überzeugung, sie wüßten schon, was erwartet wird:** Vielleicht haben sie nur die Hälfte verstanden, aber sie versuchen es trotzdem.
- **Aus der Gewißheit Ihrer Unterstützung:** Unterstützung bei körperlichen, geistigen oder sozialen Wagnissen hilft dem Kind zu wachsen. Kinder sind sich Ihrer Unterstützung dann sicher, wenn Sie ihnen die Fähigkeiten beigebracht haben, die sie für eine Aktivität benötigen.
- **Sie glauben, das zu tun, was notwendig ist:** Das kommt bei Kindern vor, die versuchen, unabhängig zu sein, aber nicht wissen, was wirklich notwendig ist.
- **Sie glauben, daß ihr Tun hilfreich ist:** Das trifft auf ein Kind zu, das Kaffee kocht, weil es meint, Sie wären zu beschäftigt, es aber noch nie zuvor probiert hat, Kaffee zu machen.
- **Sie tun etwas für jemand anderen:** Für jemand anderen setzen sich diese Kinder mit Löwenmut ein, wenn es aber um ihre eigenen Angelegenheiten geht, verläßt er sie.

Wir brachten ihm bei, sich zu entspannen, damit er sich selbst nicht unter Druck setzte und die Hilfe, die ihm auch von seiner Lehrerin zuteil wurde, nutzen konnte.

Das Ergebnis war ein zunehmender Erfolg in der Schule und die Fähigkeit, zu Hause Hilfe annehmen zu können. Er erlangte Selbstvertrauen, Leistungsfähigkeit und Verantwortlichkeit.

Wenn Sie der Meinung sind, daß es Ihrem Kind ebenso wie Markus ergeht, versuchen Sie, die Art des Selbstvertrauens herauszufinden, das von wirklichem bis zu lediglich vermeintlichem Verstehen einer Gegebenheit reichen kann. Gehen Sie nicht davon aus, daß ein Kind, das in einer Situation Selbstvertrauen zeigt, das auch in jeder anderen Lage tut. Wenn Ihr Kind etwas nicht kann, aber dennoch einen selbstbewußten Eindruck macht, finden Sie heraus, ob es sich in gewisser Weise um falsches Selbstvertrauen handelt.

Falsches Selbstvertrauen kann kontraproduktiv wirken, da Kinder nicht begreifen, warum sie in einer bestimmten Situation versagen. Eine Enttäuschung aufgrund unechten Selbstvertrauens kann zu Lernblockaden führen, die nur schwer wieder abzubauen sind.

Falsches Selbstvertrauen muß aber keine Hemmungen hervorrufen. Es kann im Gegenteil sogar zu einem Ansporn für weiteres Lernen werden, falls das Kind neugierig ist und sich durch einen Fehlschlag herausgefordert fühlt, der Sache auf den Grund zu gehen. Auf diese Art erlangt es echtes Selbstvertrauen.

Echtes Selbstvertrauen ist förderlich, da es dem Kind ermöglicht, sich in jegliche Situation einzufügen. Nur durch den Dialog kann unangebrachtes Selbstvertrauen in echtes umgewandelt werden.

Denken Sie jedoch daran, daß ein Dialog kein Monolog mit dem Schlußsatz ist: »Hast du mich verstanden?«, worauf Ihr Kind nur mit »Ja« antworten kann. Ein Dialog ist ein Zwiegespräch, in dem Ihr Kind Fragen stellen kann, um mit Ihrer Hilfe etwas verstehen zu können oder Neues zu erfahren, damit es beim nächsten Mal in der Lage ist, alleine weiterzumachen.

**Wie man falsches in echtes
Selbstvertrauen umwandelt**

Der 16jährige Richard stand vor einer wichtigen Prüfung.
Uns war klar, daß seine Chancen, daß er sie bestehen würde,
gering waren, aber er vertraute darauf, daß er selbst wußte,
was für ihn Erfolg hieß. Er wollte es ohne die Lehrer und
Eltern schaffen. Die Erwachsenen hatten versucht, ihm
klarzumachen, daß sein Alleingang wenig erfolgversprechend
sei, aber er verstand gar nicht, warum sie sich Sorgen machten.
Er hatte nicht begriffen, daß seine bisherige Einschätzung von
Erfolg keine Zukunft hatte. Er wollte Feuerwehrmann werden
und meinte, daß er dazu keine weiteren Qualifikationen brauche. Zehn Wochen vor der Prüfung wurde ihm plötzlich klar,
daß sein Vertrauen in seine Vorgehensweise unangebracht
war. Er bat schließlich um Hilfe, und somit konnte der Dialog
beginnen.

3.5 Das Lernumfeld

Der Junge, der erst lernte, als auch sein Vater es tat

Der siebenjährige Bernd konnte nicht lesen. Jeden Abend
bemühte sich sein Vater, es ihm beizubringen. Um Bernd
anzuspornen und zu unterstützen, alberte er während des
Unterrichts mit ihm herum und erzählte lustige Geschichten.
Doch Bernd konnte aus irgendeinem Grund nicht lernen.
Er war verwirrt, da er kaum lesen konnte, obwohl er es
versuchte, und ihm war bewußt, daß es seinen Vater betrübte.

Der Vater wollte ihm das Alphabet beibringen, weil er der Meinung war, daß
Bernd dann ordentlich lesen könne. Aber
dieser begriff nicht, daß man von ihm
erwartete, das Alphabet zu lernen. Er
dachte, er solle mit seinem Vater herum-
albern, während dieser Bernd für faul
und dumm hielt.

Bernds Vater hatte nicht mitbekommen, daß sein Sohn den wahren Zweck ihres Zusammenseins, nämlich Lesen zu lernen, nicht kannte. Nachdem Bernd begriffen hatte, was er tun sollte, begann er auch zu lernen. Daraufhin war auch sein Vater in der Lage, ihm erfolgreich zu helfen, da er während ihrer gemeinsamen Sitzungen deutlich machte:

- was er unterrichten wollte,
- wie er es unterrichten wollte,
- wann das Spiel anfing und endete und
- wann der Unterricht begann.

Das wirft die Frage auf: Kann Lernen Spaß machen?
Natürlich! Lernen kann in einem fördernden und fest umrissenen Arbeitsumfeld Spaß machen. Ein fest abgegrenztes Arbeitsumfeld bedeutet, daß Sie und Ihr Kind wissen, was Sie angehen wollen. Es muß deutlich sein, wann mit der Arbeit begonnen und wann aufgehört wird. Unterbrechungen

Elemente eines guten Lernumfelds:

- das Verhalten eines jeden Beteiligten und die Einsicht, daß das Ziel klar ist,
- der Respekt für die Mühe, die erfolgreiches Arbeiten erfordert,
- die Achtung vor den Lernmethoden jedes einzelnen Mitglieds der Gruppe,
- die Flexibilität, die den Bedürfnissen eines jeden entgegenkommt,
- die Überzeugung, daß die Aufgabe bewältigt werden kann,
- ausreichend Zeit für die Arbeit,
- Verfügbarkeit notwendiger Hilfsmittel,
- die körperliche Verfassung der Beteiligten,
- das praktische Umfeld,
- das Verstehen des Lernziels.

und Ablenkungen sollten vermieden werden. Machen Sie Ihrem Kind klar, daß Lernen wichtig ist und Zeit, Aufmerksamkeit und Bemühen braucht, und daß das Lernumfeld sinnvollerweise von anderen Einflüssen abgegrenzt sein sollte. Sorgt man bereits von Anfang an für ein abgegrenztes Umfeld, werden die Kinder im späteren Alter in der Lage sein, für sich selbst einen Ort des Lernens zu schaffen.

Der Zweck des Lernens ist die Aneignung von weiteren Fähigkeiten, von Wissen und von Einsicht.

Optimal ist ein entspanntes, zweckmäßiges, bequemes und freundliches Lernumfeld, mit einem Geräuschpegel, der der jeweiligen Aktivität angepaßt ist. Jede Person muß in der Lage sein, individuell oder als Gruppe den eigenen Aufgabenstellungen nachzugehen, ohne die anderen zu stören.

Ein hilfreiches Arbeitsumfeld zu Hause

Helen lernte mit Freude zu Hause, da ihre Mutter ihr das Gefühl gab, mit ihr gemeinsam zu lernen. Während der Hausaufgaben machten sie eine kleine Pause, aber beiden war klar, daß die Arbeit danach weiterging. Helen wußte, daß sie die Unterstützung und die Gesellschaft ihrer Mutter genießen konnte. Hausaufgaben wurden zum Teil des innerfamiliären Gefüges. Die anderen Familienmitglieder wurden in das Gespräch oder in die Arbeit miteinbezogen, wenn sie nach Hause kamen.

3.6 Ein Schritt nach dem anderen

3.6.1 Manche Kinder scheinen alles sehr schnell zu lernen, aber nichts bleibt hängen

In manchen Fällen entspricht das Lernen mehr dem Schein als dem Sein. Max erhält jeden Abend eine Liste mit fünf Wörtern zum Buchstabieren. Er lernt sie jedesmal und macht es auch richtig. Doch jede neue Liste

Früh krümmt sich, was ein Häkchen werden will – ist Übung notwendig?

scheint die vorige auszulöschen. Max kann lediglich fünf Wörter gleichzeitig behalten und diese auch nur in der Reihenfolge, wie er sie gelernt hat. Er prägt sich die Form und Reihenfolge der Buchstaben ein und begreift nicht, daß die Buchstaben einen Klang ergeben. Er begreift auch nicht, daß er das Buchstabieren nach dem Lernen auch anwenden soll, daß die Übung es ihm ermöglichen soll, seine eigenen Gedanken niederzuschreiben.

Wenn man etwas auf falsche Weise oder aus den falschen Gründen lernt, kann dies bedeuten, daß man lange braucht, um sich diese Eigenart wieder abzugewöhnen, um es dann auf die richtige Weise zu lernen. Wenn Lehrer und Eltern nicht merken, daß das Kind Zeit braucht, können sie verstört reagieren und es für minderbemittelt halten oder glauben, daß es ein spezielles Lerndefizit hat. Dagegen braucht es nur ein bißchen mehr Zeit, um eine besondere Fähigkeit ordentlich zu erlernen, da es sie anfangs falsch gelernt hat.

3.6.2 Manche Kinder scheinen alles sehr schnell zu lernen, aber nutzen das Gelernte nicht

Claudia paßte gut auf, lernte das Alphabet und könnte sicherlich spannende Sätze schreiben, wenn sie die Wörter auch anwenden würde. Aber sie hatte nicht begriffen, daß das Buchstabieren ihren Wortschatz erweitere. Wenn sie Geschichten schrieb, formulierte sie lediglich, »Es war ein schöner Tag, und wir hatten eine schöne Zeit«, anstatt die Wörter »herrlich«, »fröhlich«, »wunderbar« und »vergnüglich« zu verwenden, obwohl sie sie kannte und sogar buchstabieren konnte.

3.6.3 Manche Kinder scheinen alles sehr schnell zu lernen, aber gehen dem, was sie tun sollten, möglichst aus dem Weg

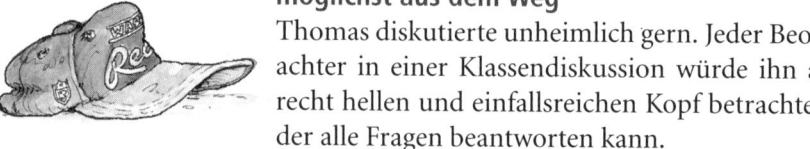

Thomas diskutierte unheimlich gern. Jeder Beobachter in einer Klassendiskussion würde ihn als recht hellen und einfallsreichen Kopf betrachten, der alle Fragen beantworten kann.

Das Lernen anhand von Vorbildern

Das Lernen anhand von Vorbildern ist von großer Bedeutung. Wenn Ihr Kind etwas falsch macht – ob es sich um Sprechen, Lesen, Schreiben oder Zimmeraufräumen handelt –, bringen Sie Ihrem Kind bei, wie man es besser macht und wie es weitergeht.

Vergessen Sie nicht, daß ein Fehler Ihnen beiden die Möglichkeit gibt zu lernen!

Als die Kinder noch im Kinderwagen lagen oder saßen, beobachteten und ahmten sie die Mundbewegungen eines Erwachsenen nach. Heutzutage jedoch haben viele Kinder keine Möglichkeit mehr, die Mundbewegungen eines Erwachsenen beim Sprechen nachzuahmen, denn:

- sie sitzen im Kinderwagen und blicken dem Erwachsenen nicht ins Gesicht.
- sie essen allein, anstatt mit anderen Kindern und Erwachsenen zusammen an einem Tisch.
- sie hören die Gutenachtgeschichte vom Band, statt von einem Erwachsenen, der ihnen vorliest.
- sie sind im Auto auf dem Kindersitz angeschnallt, was zwar ihrer Sicherheit dient, aber es ihnen nicht ermöglicht, den Mund der Erwachsenen beim Sprechen zu sehen.
- Puppen und Zeichentrickfiguren im Fernsehen oder auf einem Video führen dazu, daß die gesprochene Sprache nicht mehr mit den entsprechenden Mundbewegungen in Verbindung gebracht wird.
- kleinen Kindern eine sorgfältige Ausdrucksweise beizubringen, wird belächelt.

Denken Sie daran, daß Kinder, die einen Laut oder eine Bewegung nachahmen können, nachdem man es ihnen vorgemacht hat, nicht zwangsläufig verstanden haben, es eigenständig zu machen. Lernen braucht Zeit.

Würde ein solcher Beobachter Thomas jedoch bei einer schriftlichen Arbeit erleben, würde sich sein Eindruck über die Fähigkeiten von Thomas dramatisch ändern, da er an seinem Pult so gut wie gar nichts macht.

Thomas ist begabt, weiß seine Talente jedoch nicht anzuwenden, das heißt, daß er sehr wohl weiß, was zu tun ist, aber nicht weiß, wie er es anstellen soll. Selbst wenn man ihm Starthilfe gibt, hört er sofort auf, wenn er allein weitermachen soll. Er begreift nicht, daß er nun die Sache selbst in die Hand nehmen soll. Das bedeutet, Thomas macht es unmöglich, daß andere seine wahren Fähigkeiten erkennen.

In all diesen Beispielen haben die Kinder die Lernschritte nicht verstanden. Häufig haben sie noch nicht einmal begriffen, daß es Schritte gibt.

Einige Kinder scheinen alles sehr schnell zu lernen, und andere scheinen ewig zu brauchen. Aber fast alle Kinder brauchen Zeit zum Lernen. Wer von ihnen von schneller Auffassungsgabe ist, läuft oft Gefahr, Gelerntes nicht anwenden zu können. Sie haben die Schritte übersprungen, die dem Neuen seinen Platz im Gesamtgefüge, seine Kraft, seine Bedeutung und seine Anwendung geben.

Das nennst du Seilhüpfen?

Karin lernte gerade Seilhüpfen, was von ihrer Großmutter, die die vielen Fähigkeiten kannte, die man dafür braucht, mit Anteilnahme unterstützt wurde. Karins Tante jedoch konnte lediglich die ersten Versuche sehen, als Karin ohne zu hüpfen nur die Schultern auf und ab bewegte.

Karin lernte nach und nach neue Körperbewegungen, die immer von ihrer Großmutter beobachtet, kommentiert und gelobt wurden. Karin war die Schülerin ihrer Großmutter, von der sie viel Ermutigung, viel Hilfe und viel Zeit zum Lernen eines jeden Schrittes erhielt.

Diese Lehrmethode für das Seilhüpfen entspricht genau der Methode, die für das Unterrichten einer deutlichen Aussprache nötig ist.

3.6.4 Wie selbst das schlichte Wörtchen »Nein« schlampig gesprochen wird

Radiosprecher, Fernsehmoderatoren und Popstars benutzen häufig Slang- oder Modewörter, die Kinder aufgreifen und als allgemeingültig betrachten. Deshalb verstehen sie auch nicht immer, warum sie ihre Sprache verbessern sollten.

Aber Sie sollten sie verbessern!

Die Entwicklung der Kinder kann durch sprachliche Schlampigkeit geschädigt werden. Wenn sie stets »nö« oder »nee« statt »nein« sagen, wie sollen sie dann wissen, wie man das Wort richtig schreibt, und daß das übliche »nö« oder »nee« schlampig ist?

Ihr Kind muß lernen, wie man Sprache den verschiedenen Umständen angemessen auswählt und nutzt. Kinder, die das nicht begreifen, sind im Nachteil.

Wenn Sie zu Hause eine lässige Umgangssprache pflegen, sollten Sie gelegentlich laut vorlesen, damit Ihr Kind nachsprechen kann. Wählen Sie von einem beliebigen Text einen kurzen Absatz aus, lesen Sie daraus einen Satz vor und wiederholen Sie ihn dann, um Aussprache und Artikulation zu verbessern. Wenn Sie unterschiedliche Tonfälle verwenden, macht es umso mehr Spaß.

3.7 Erziehung tut not

Es kommt sicherlich vor, daß Sie sich Gedanken machen, wie Ihr Kind in der Schule vorankommt.

Die Schule ist zufrieden, Sie jedoch nicht: Das kann der Fall sein, wenn Ihr Kind in der Schule nicht auffällt. Die Lehrer erwarten eventuell nicht viel von Ihrem Kind und halten Sie für aufdringlich.

Die Schule ist unzufrieden, Sie jedoch sehen keinen Anlaß zur Sorge: Sie kommen mit Ihrem Kind zu Hause gut zurecht und verstehen nicht, warum es in der Schule Probleme geben soll. Sie sehen zwischen den Klagen der Schule und dem Verhalten Ihres Kindes keinen Zusammenhang.

Sie meinen, daß die Schule wohl den Stoff durchnimmt, nicht jedoch Ihr Kind unterrichtet: Ihr Kind erledigt zwar die Hausaufgaben, doch es hat sie nicht richtig verstanden. Die Hausaufgaben werden zum Problem: Ihr Kind kann die Hausaufgaben nicht machen, weil es sie nicht verstanden hat. Die Gründe können darin liegen, daß Ihr Kind entweder nicht richtig zugehört hat oder die Erklärungen des Lehrers dürftig waren. Manchmal sind die Aufgaben so verzwickt, daß selbst Sie nicht wissen, wie Sie helfen können. Kann nicht, will nicht: Ihr Kind weigert sich, die Hausaufgaben zu erledigen. Der Grund dafür mag sein, daß Ihr Kind die Schule anstrengend findet und das Zuhause als Ruhepol braucht, oder es fehlen ihm die notwendigen Fähigkeiten, um die Aufgaben auszuführen. Wenn ihm diese Fähigkeiten fehlen, kann es sein, daß es Ihnen nichts davon erzählt und Sie den Eindruck haben, daß es nicht will anstatt nicht kann. Der Eigensinn Ihres Kindes kann ihre Geduld so strapazieren, daß Sie nicht mehr in der Lage sind, das wahre Problem herauszufinden. Auf die Schnelle: Ihr Kind erledigt die Hausaufgaben in Windeseile und behauptet dann, alles fertig zu haben. »Der Lehrer hat aber gesagt ...«: Ihr Kind glaubt nicht, daß Sie wissen, was der Lehrer verlangt.

Rechtschreibübung mit Eigensinn

Jürgen war in Rechtschreibung ziemlich gut.

Eines Abends sollte er seine Rechtschreibübungen machen.

Er beharrte darauf, daß er diese Übungen unbedingt und auf eine besondere Weise machen müsse, daß es eine schwierige Aufgabe sei und daß jede Hilfe seiner Mutter unerwünscht sei, da sie nicht wisse, wie der Lehrer es haben wolle.

Schließlich erzählte Jürgen seiner Mutter, daß diese ganz besondere und äußerst schwierige Rechtschreibübung darin bestünde, zwei Worte zu lernen, »Xylophon« und »Joghurt«.

Die ganz besondere Lernmethode sah folgendermaßen aus: die Wörter anschauen, ihre Form bestimmen, sie abdecken, sie schreiben, kleinere Wortbestandteile in ihnen herausfinden.

Jürgens Mutter konnte ihm dabei helfen, deshalb brachte er ihr beim nächsten Mal mehr Vertrauen entgegen.

Wenn Sie sich über das schulische Dasein Ihres Kindes Sorgen machen, sollten Sie sich mit jemanden aus der Schule telefonisch, schriftlich oder persönlich in Verbindung setzen. Das mag der Klassenlehrer sein, der Schulleiter, sein Stellvertreter oder der Vertrauenslehrer.

Folgende Fragen mögen sich als hilfreich erweisen, um Ihre Gedanken vorher zu klären: Was macht mir Sorgen? Worum geht es mir? Kann ich auf irgend etwas vorweisen, wie beispielsweise eine Hausaufgabe? Was erwarte ich mir von der Schule?

Je eher Sie wissen, was Sie sagen wollen, umso wahrscheinlicher können Sie das Problem lösen. Machen Sie sich zu Ihren Gedanken Notizen – es wird Ihnen dabei helfen, bei einem Treffen keine wichtigen Punkte zu vergessen.

Sollten Sie vor einem Besuch in der Schule nervös sein, bitten Sie einen Freund oder eine Freundin, Sie zu begleiten. Besprechen Sie vor dem Besuch die Details mit Ihrer Vertrauensperson und was Sie von ihm oder ihr erwarten. Machen Sie sich während des Treffens Notizen, damit Sie später Anhaltspunkte haben.

Wenn Sie sich auf diese Weise vorbereiten, können Sie Ihr Anliegen klar vortragen und auch zuhören und verstehen, was besprochen wurde.

N.B.

Es gibt keine richtigen Antworten – aber mehr Nachdenkenswertes, als offensichtlich ist!

4 Die Leiter zum Erfolg

Im letzten Kapitel haben wir darüber gesprochen, warum Kinder scheitern und warum sie sich als »Versager« fühlen oder als solche erscheinen. In Wahrheit sind wir alle erfolgreich, aber manchmal glauben wir es nicht.

Denken Sie daran, daß Sie und Ihr Kind gemeinsam lernen. Sie beide lernen dann am besten, wenn Sie sich wohl fühlen, entspannt sind und mitdenken.

Ein lernfreudiges Zuhause

Ein gemütliches Zuhause ist ein lernfreudiges Zuhause. Ob aufgeräumt oder unaufgeräumt, Stift und Papier sollten auf jeden Fall vorhanden sein. Ob groß oder klein, ein Arbeitsplatz sollte auf jeden Fall vorhanden sein. Ob vielköpfige oder kleine Familie, ein ruhiger Platz ist meist unbedingt notwendig.

Ein entspanntes Zuhause ist ein lernfreudiges Zuhause. Das eigene Zuhause bildet für jeden einen Zufluchtsort. Für jeden bedeutet es Schutz gegen die geschäftige und anstrengende Welt – ein Ort, wo man sich regeneriert, entspannt und die Batterien wieder auflädt. Wenn die Bedürfnisse jeder Person berücksichtigt werden und alle wissen, wie man Hindernisse überwindet und Kompromisse schließt, dann ist es auch ein entspanntes Zuhause.

Ein mitdenkendes Zuhause ist ein lernfreudiges Zuhause. Kinder, die wissen, daß sie als Familienmitglieder für bestimmte Tätigkeiten verantwortlich sind, lernen früh, was es

Das ABC allen Erfolgs

- **A**benteuer
- **A**usführung
- **B**eobachten
- **D**enken
- **E**ntspannung
- **E**xperimentieren
- **E**rklären
- **F**ragen
- **F**ehler machen
- **G**utes Arbeitsumfeld
- **I**nformiert sein
- **K**raftvorrat
- **L**ebensfreude
- Gesunder **M**enschenverstand
- **N**icht meckern
- **N**otizen
- **O**ptimismus
- **R**isikobereitschaft
- Immer man **S**elbst sein
- Sie müssen nicht perfekt sein – ein **T**iefpunkt ist nicht schlimm
- **U**nterstützung
- **Ü**bung
- **W**issen
- **W**ertschätzung
- **Z**uhören

heißt, Mitglied einer Gemeinschaft zu sein. Sie erfahren dabei, wie man Entscheidungen fällt, und sie werden mitbekommen, daß nicht alles getan werden kann, daß einige Dinge liegengelassen werden müssen und daß sich die Prioritäten verschieben. Sie werden erkennen, daß es geschäftige und anstrengende, aber auch erholsame Tage gibt.

Gemeinsam auf dem Weg nach oben
Sie können mit Ihrem Kind gemeinsam die Erfolgsleiter erklimmen, so daß Ihr Kind:

- mit dem Leben klarkommt, auch wenn es einmal schwierig wird,
- das Leben genießen kann,
- von seiner Umwelt fasziniert ist,
- das Leben als Abenteuer betrachtet,
- andere Menschen mit Respekt behandelt,
- ein guter Zuhörer wird,
- zu lernen weiß,
- keine Angst hat, seine Gefühle zu zeigen,
- anderen gerne hilft,
- Fragen stellt und beantwortet,
- keine Vorurteile hegt, sondern aufgeschlossen ist,
- nicht davon ausgeht, immer fehlerlos sein zu müssen,
- Entscheidungen treffen kann.

Wenn Sie dazu erst einmal bereit sind, können Sie loslegen!

4.1 Die Kunst, das Leben zu meistern

4.1.1 Wahlmöglichkeiten
Ein Kind muß wissen, daß es Wahlmöglichkeiten hat, ob das Leben nun nach Wunsch verläuft oder nicht, und daß jede Entscheidung stets ihre Konsequenzen hat. Wenn Joachim lieber Fußballspielen geht anstatt seine Hausaufgaben zu machen, hat er zwar seinen Spaß beim Spiel, doch am näch-

sten Tag kann er keine Hausaufgaben vorweisen. Wenn er jedoch seinem Bruder beim Zimmeraufräumen hilft, macht er damit allen eine Freude.

Die Kunst, mit dem Leben und seinen Widrigkeiten zurechtzukommen, heißt nicht, daß sich Kinder wie Erwachsene verhalten sollen, die alles lösen müssen, oder daß sie Geschenke erhalten, wenn sie die Dinge in den Griff bekommen haben.

Es heißt vielmehr, daß man weiß, wie man mit sich selbst ins Reine kommt und die Tragweite und den Nutzen seines Tuns erkennt. Diese Kunst muß man jedoch einem Kind beibringen.

4.1.2 Entscheidungen treffen

Wenn wir erst einmal festgestellt haben, daß wir selbst dann, wenn wir nichts tun, etwas bewirken, können wir auch sinnvollere Entscheidungen fällen.

Wenn Sarah enstprechend der Aufgabenstellung in ihre Arbeit vertieft im Klassenzimmer sitzt, wird sie der Lehrer für fleißig halten. Sarah selbst wird feststellen, daß sie ihre Aufgaben schafft, und ihre Freunde werden merken, daß sie gerne arbeitet.

Wenn Sarah in ihre Aufgaben vertieft im Klassenzimmer sitzt, obwohl sie sich eigentlich wie die anderen am Unterricht beteiligen soll, wird sie der Lehrer als schwierig einschätzen. Sie selbst wird isoliert sein, und ihre Freunde werden sie für eigenbrötlerisch halten.

Erfolg in der Schule beinhaltet die Erkenntnis, daß jeder seinen Teil zur Gemeinschaft beizutragen hat und daß die Entscheidungen, die wir treffen, sich auf das Geborgenheitsgefühl anderer auswirken.

4.1.3 Aufgeschlossen sein

Für Kinder mit Selbstvertrauen ist es leicht, aufgeschlossen zu sein, Unterschiede wahrzunehmen und gleichzeitig das Unerwartete zu genießen. Ein Kind mit Selbstvertrauen lernt durch Nachdenken über neue Informationen und besitzt die Fähigkeit, neue Informationen einzuordnen.

4.1.4 Ich bin, wer ich bin

Kinder haben dann Selbstvertrauen, wenn sie sich ihrer Einzigartigkeit bewußt sind und nicht mit dem Strom schwimmen müssen. Somit lassen sie auch gerne den anderen ihre jeweilige Individualität und üben so Toleranz.

Kinder müssen lernen, warum sich ihre Gedanken von denen anderer unterscheiden. Sie müssen lernen, daß sie nicht einsam sind, nur weil sie anders denken. Man kann vieles, aber nicht immer alles mit anderen teilen – niemand findet ohne weiteres einen »besten« Freund oder eine »beste« Freundin.

Denken Sie daran, daß andere ein Kind auch dann mögen, wenn sie anderer Meinung sind. Außerdem kann nicht jeder zu jeder Zeit der beste Freund Ihres Kindes sein.

4.2 Die Kunst, mit dem Lernen zurechtzukommen

4.2.1 Grenzen sind keine Einschränkungen

Grenzen sind notwendig, da sie uns das Ordnungssystem zeigen. Wenn ein Kind weiß, daß der Spielplatz zum Spielen da ist und das Klassenzimmer zum Arbeiten, wird es mehr lernen können.

Kinder beginnen das Leben mit ähnlichen Gaben und Fähigkeiten, entwickeln sich jedoch unterschiedlich. Ein Kind, das Grenzen kennt, wird mehr lernen als ein Kind, das im Ungewissen über Möglichkeiten oder Unmöglichkeiten gelassen wird. Kinder benötigen Grenzen, um sich innerhalb dieser Ordnung frei entwickeln zu können.

4.2.2 Zuhören ...

Ein guter Zuhörer ist immer aufmerksam dem anderen gegenüber. Aufmerksam zu sein bedeutet, in seinen Gedanken Raum für das Gehörte und das Aufgenommene zu schaffen. Ein guter Zuhörer zu sein ist der erste Schritt, ein guter Schüler zu werden.

4.2.3 ... und lernen

Für ein Kind ist es befreiend, wenn es weiß, wie der Lernprozeß vor sich geht. Wenn wir erst einmal erkannt haben, daß wir manche Dinge ganz nebenbei, andere leicht lernen, und daß manche Dinge Zeit brauchen, können wir ohne Anspannung lernen. Wir können dann selbst schwierige Dinge ohne Angst in Angriff nehmen.

4.2.4 Fragen stellen

Ein Kind stellt dann gerne Fragen, wenn man es ihm gestattet und es an den Antworten interessiert ist. Zeigen Sie Interesse an dem, was Ihr Kind tut, und ermuntern Sie es, ebenfalls Fragen über Ihre Aktivitäten zu stellen.

4.2.5 Wenn Sie nichts tun, wird auch nichts erledigt

Ein unternehmungslustiges Kind weiß, daß es besser ist, etwas zu tun als nichts zu tun. Andreas soll im Mathematikunterricht eine Klassenarbeit schreiben, aber er weiß nicht, wie die Aufgaben zu lösen sind. Nachdem er sich an die erste Aufgabe gewagt hat, fragt er nach, ob es so richtig ist. Damit gibt er dem Lehrer die Möglichkeit, ihm etwas beizubringen, und sich selbst die Möglichkeit, etwas zu lernen.
Auch Georg soll im Mathematikunterricht eine Klassenarbeit schreiben, aber er ist sich nicht sicher, wie die Aufgaben zu lösen sind. Er schreibt nur das Datum auf das Blatt. Der Lehrer sieht dadurch nur, daß er die Aufgaben nicht gelöst hat. Georg schreibt allerdings nicht, warum, und der Lehrer weiß nicht, wie er ihm helfen kann. Georg läßt die Gelegenheit verstreichen, daß man ihm etwas beibringt, und somit auch die Gelegenheit, etwas zu lernen.

4.3 Die Kunst, Freude am Leben zu haben

Ein lebensfrohes Kind sieht in jeder Situation das Positive und jammert nicht, weil es lieber etwas anderes tun will.
Es mag befremdlich klingen, aber manche Kinder müssen erst lernen, Freude zu empfinden.

Der achtjährige Patrick war mit nichts zufrieden. Stets wollte er etwas anderes tun. Sobald er etwas Neues begann, wollte er wieder etwas anderes. Er war wütend, da er alles gleichzeitig haben wollte und nie das tat, was er eigentlich wollte. Dann lernte Patrick, darüber nachzudenken, was er wollte, und entsprechende Entscheidungen zu treffen. Er bekam allmählich mit, daß es ihm Freude bereitete, wenn er loslegte. Er entdeckte, daß es ihm Spaß machte, wenn er sich erst einmal auf das, was er machte, konzentrierte und keinen Gedanken daran verlor, was ihm gerade entging.

4.3.1 Weil es spannend ist ...

Kindern, die ihrem Umfeld, ihren Aktivitäten und den Menschen mit Interesse entgegengehen, stehen unendliche Möglichkeiten offen. Sie werden in der Lage sein, aus jeder Situation zu lernen und ihren Wissensschatz stets zu erweitern. Sie werden das Leben als aufregend erleben.
Erwarten Sie nicht, daß Sie immer die gleiche Begeisterung wie Ihr Kind empfinden oder daß Ihr Kind Ihre Begeisterung teilt. Es wäre zwar wunderbar, aber man kann es nicht erzwingen.
Es ist sinnvoller, Ihr Kind die Freuden des Lebens selbst entdecken zu lassen und es dabei – in Maßen – zu unterstützen.

4.3.2 ... und voller Abenteuer

Es gibt nichts, was ein abenteuerlustiges Kind nicht in irgendeiner Weise nutzen könnte. Das kann sofort geschehen, Jahre später in einer Geschichte auftauchen, oder es kann ein weiteres Puzzleteilchen eines Ganzen sein, das das Kind zu verstehen lernt.
Ein Kind, das das Leben als Abenteuer betrachtet, sammelt einen reichen Erfahrungsschatz, der auf alle möglichen Situationen angewendet werden kann.

4.4 Die Kunst, mit Menschen zurechtzukommen

4.4.1 Mensch unter Menschen

Wir lernen uns selbst kennen, indem wir andere als das betrachten, was sie sind, und nicht danach beurteilen, wie sie aussehen oder was sie haben. Wir wissen, daß wir alle manchmal recht haben und manchmal unrecht, manchmal glücklich und manchmal traurig, manchmal lebhaft und manchmal schüchtern sind.

Ein Kind, das dies begriffen hat, braucht keine besondere Designermarke oder eine modische Schultasche, um von den Menschen, auf die es ankommt, wirklich gemocht zu werden.

4.4.2 Helfen

Durch Hilfsbereitschaft zeigt ein Kind, daß es auf andere eingehen kann. Um wirklich zu helfen, muß ein Kind beobachten, zuhören, nachdenken und Fragen stellen. Das Kind muß begreifen, daß es in der Welt auch andere Menschen gibt.

4.5 Die Kunst zu denken

Ihr Kind wird den ganzen Tag über denken – vielleicht nicht unbedingt an Dinge, die Ihnen lieb sind, aber es denkt!

4.5.1 Übungen zur Entwicklung der Denkfähigkeit

Wahrnehmungsvermögen

Dies ist eine gemeinsame Übung, die das Spektrum möglicher Antworten erweitern soll. Sie kann zwischen Ihnen und Ihrem Kind, aber auch in jeder beliebig großen Gruppe durchgeführt werden.

Ein Kind, das seine Denkfähigkeit entwickeln kann, wird erfolgreicher sein.

88

1. Nehmen Sie irgendeinen Gegenstand – ein Spielzeug, ein Kleidungsstück oder einen beliebigen Gegenstand. In diesem Fall benutzen wir eine Vase mit Blumen.
2. Geben Sie dem Kind Bleistift und Papier.
3. Sagen Sie ihm, daß Sie beide eine Minute Zeit haben, um aufzuschreiben, was Sie sehen. Wenn Ihr Kind unschlüssig ist, schlagen Sie ihm vor, über Farbe, Form, Anzahl der Blumen und Material nachzudenken.
4. Teilen Sie sich gegenseitig Ihre Einfälle mit und schreiben Sie sie auf ein Blatt Papier, damit beide sie einsehen können. Für das Beispiel Blumenvase – zehn Blumen, zwei Arten, Vase, Wasser, dunkelrot, weich, stehend, zierlich, welkend.
5. Entscheiden Sie, was Sie als nächstes tun wollen.

Beispielsweise könnten Sie aus der Situation eine **Mathematikstunde** entwickeln, indem Sie:

- Blätter zählen,
- das Volumen der Vase berechnen,
- geometrische Formen an den Blumen herausfinden,
- über Symmetrien sprechen,
- Muster aufmalen,
- Berechnungen aufstellen wie: 3 weiße Blumen + 7 dunkelrote Blumen = 10 Blumen.

Oder eine **Deutschstunde** durch:

- detaillierte Beschreibung von Unterschieden und Ähnlichkeiten wie: lange, schmale Blätter und kurze, gedrungene Vase,
- Benutzung eines Wörterbuchs, um weitere Wörter zur Beschreibung der Blumenblätter, Stengel oder Vase herauszufinden,
- Benutzung eines Lexikons, um Wörter zu finden, die in einem Bezug zu Blumen stehen: z.B. Staubgefäß, Kelch, Wurzel.

Oder beginnen Sie eine **Erzählstunde**, in der Sie sich ausdenken, wie Blumen in eine Geschichte eingebettet sein könnten, etwa:

- als Geschenk,
- als schöner Anblick während eines Waldspaziergangs,
- als Fleuropsendung,
- in einem Einkaufskorb,
- als Blumensamen, die Sie in einer Büchse im Schuppen Ihres Großvaters gefunden haben. Sie wissen zwar nicht mehr genau, welche Art von Blumen das war, aber Sie erinnern sich dunkel, daß der Blumensamen von einem entfernten Vetter Ihres Großvaters stammt, der auf einer kleinen Insel lebt und nur seinen Papagei als Gesellschaft hatte. Was kann nicht alles geschehen, wenn Sie erst anfangen, sich Geschichten auszudenken!

Sie könnten auch über Sinneswahrnehmungen nachdenken und sie auf jedes mögliche Detail anwenden, zum Beispiel: Die Blumen riechen intensiv, die Blumenblätter fühlen sich kühl und samtig an ...

Je mehr Einzelheiten sich Kinder aus ihrer Umwelt aneignen, desto mehr Wege werden ihnen zur Erkundung der Welt eröffnet. Ihr Denken wird umfassender, tiefer und vielfältiger.

Vom Besonderen zum Allgemeinen
Dies ist eine Technik zur Entwicklung der Fähigkeit, über scheinbar Einfaches umfassender nachzudenken.

1. Greifen Sie ein beliebiges Wort heraus und bitten Sie Ihr Kind, Ihnen Begriffe oder Wörter zu nennen, die mit diesem Wort in Zusammenhang stehen. Schreiben Sie auch Ihre eigenen Begriffe auf. Das Wort kann beispielsweise »Wasser« sein.
2. Zwei Personen allein können innerhalb einer Minute über 20 Worte herausfinden.

Dürre	gießen	Dusche	Leitung	Teich
tröpfeln	Tropfen	trinken	Glas	Regen
Verschmutzung	schwimmen	Reservoir	Tümpel	baden
Fluß	feucht	Flut	Badewanne	Meer

sumpfig	Wurzeln	waschen	Flüssigkeit	Seife
entwässern	Eimer	Pfütze	Leck	verseucht
Staudamm	Wellen	Wolken	Quelle	sprudelnd

3. Schreiben Sie die Wörter nun auf ein gesondertes Blatt Papier.
4. Fassen Sie die Begriffe in Gruppen zusammen.

Zum Beispiel:
- Wörter, die mit Landwirtschaft zu tun haben
- Wörter, die mit dem Wetter in Verbindung stehen
- Wörter, die mit Wassersystemen zu tun haben
- Geräusche
- Gefäße
- Gewässer
- Auswirkungen des Wassers
- Dinge, die Wasser brauchen

Wenn ein Wort mehreren Gruppen zuzuordnen ist, geben Sie ihm einen eigenen Abschnitt.

5. Versuchen Sie nun, jede Gruppe auf 20 Wörter zu erweitern.

Gefäße:

Badewanne	Spülbecken	Vase	Trog	Reservoir
Quelle	Staubecken	Krug	Kochtopf	Glas
Kühler	Eimer	Springbrunnen	Flasche	Tank
Heizkörper	Schüssel	Feldflasche	Faß	Karaffe

6. Sie können diese Begriffe nun weiter unterteilen:

- Küchengefäße
- Gartengefäße
- Trinkgefäße
- Badezimmergefäße

Mittels eines ganz einfachen Begriffs wird Ihr Kind erfahren, daß jedes Wort zu tausend anderen Begriffen führen kann und von diesen tausend Begriffen ein einziger weiterere tausend neue Entdeckungen ermöglicht!

Wie kann man es anders sagen?

Auf diese Art können Sie erklären, was Sie denken – und was Sie denken, während Sie etwas tun!

Bitten Sie Ihr Kind, Ihnen nur in Worten zu erklären, wie es ein Viereck zeichnen würde – ohne die Hände zur Beschreibung zu Hilfe zu nehmen.

Normalerweise verläuft das so:

1. Ihr Kind sagt: »Zeichne vier Linien«.

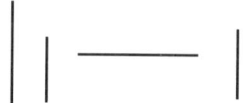

Nun wissen Sie nicht, wie die Linien angeordnet werden sollen (horizontal, vertikal oder diagonal) und auch nicht, ob die Linien verbunden werden müssen oder wie lang jede Linie zu sein hat.

Stellen Sie keine korrigierenden Fragen, sondern zeichnen Sie das, was Ihr Kind gesagt hat, und fordern Sie es zum nächsten Schritt auf.

2. »Zeichne vier Linien, die sich an der Ecke treffen«.

Nun wissen Sie immer noch nichts über die richtigen Winkel, Länge der Linien oder deren Richtung.

3. »Zeichne vier gleich lange Linien, die sich im rechten Winkel treffen und eine geschlossene Form bilden«.

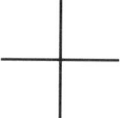

Wenn Ihr Kind nicht erwähnt, daß die Form geschlossen zu sein hat, könnten Sie etwas Ähnliches wie die obige Anordnung malen. Diese Übung kann für beide sehr lustig werden.

Vermutlich werden viele Schritte notwendig sein, bevor Ihr Kind in der Lage ist, Ihnen genau zu beschreiben, wie ein Viereck auszusehen hat.

Gleiches und Gegensätzliches

Auf diese Weise erfährt Ihr Kind mehr über all die Unterschiede von Gegenständen, die gleich zu sein scheinen, und all die Ähnlichkeiten in Gegenständen, die unterschiedlich zu sein scheinen.

1. Nehmen Sie einen Stuhl und einen Hocker.
2. Lassen Sie Ihr Kind all das aufschreiben, was ihm dazu einfällt:

Hocker	Stuhl
Sitz	Sitz
drei Beine	vier Beine
keine Lehne	Lehne
gepolstert	hart
runder Sitz	viereckiger Sitz
30 cm Sitzhöhe	35 cm Sitzhöhe
keine Verstrebungen	Verstrebungen für die Beine
Arbeitszimmer	Küche
leicht	schwer

3. Schreiben Sie nun alles auf, was unterschiedlich ist. Ihr Kind wird vermutlich weitere Assoziationen hinzufügen.

- Farbe
- Größe
- Material
- Form
- Anzahl der Beine

- Lehne
- Bequemlichkeit
- Benutzung
- Konstruktion

4. Schreiben Sie dann das auf, was gleich ist:
- Sitz
- Beine
- wird im Haus benutzt
- aus Teilen zusammengefügt

- im gleichen Geschäft gekauft
- zum Sitzen benutzt
- kann benutzt werden, um etwas aus dem Regal herabzureichen

5. Lassen Sie Ihr Kind einige dieser Informationen in Sätze zusammenfassen, die die beiden Objekte erklären.

Beide Einrichtungsgegenstände werden zum Sitzen benutzt, doch nur einer hat eine Lehne. Beide sind zum Sitzen da, doch nur eines der beiden ist bequem.

Man kann dann mit persönlichen Vorlieben fortfahren, wie zum Beispiel:

Ich sitze gern auf dem Hocker, weil er einen weichen Sitz hat. Den Stuhl finde ich unbequem, weil er einen harten Sitz hat.

Durch diese Methode lernt Ihr Kind, Vorlieben und Abneigungen oder Bekanntes und Unbekanntes auszudrücken.

4.5.2 Kinder auf der »Leiter zum Erfolg« finden:

Menschen sind spannend

Ein Kind auf der »Leiter zum Erfolg« wird seine Stärken genießen können und gern an seinen Schwächen arbeiten.

Es wird begreifen, daß es sowohl ein Individuum als auch Mitglied verschiedener Gruppen ist. Es wird eine Welt der unterschiedlichsten Menschen genießen und fasziniert sein von den verschiedenen Sichtweisen der Menschen. Es wird in der Lage sein, mit anderen Menschen Beziehungen einzugehen.

Es wird sowohl gerne mit anderen zusammenarbeiten als auch sich allein beschäftigen. Da es weiß, wie es sinnvoll lernt, wird sein Lernen konzentriert und zielgerichtet sein.

Lernen ist eine Gelegenheit, neue Möglichkeiten zu entdecken

Ein solches Kind wird begreifen, daß sein Wissensschatz und sein Horizont unbegrenzt ist – es wird niemals aufhören zu lernen. Weiterlernen wird durch die Gewißheit ermöglicht, daß jedes Problem in Teile zerlegt werden kann, die überschaubar genug sind, um damit umgehen zu können. Beim Lernen wird es erfahren, wie man neues mit altem Wissen verknüpft.

Fehler werden ihm nichts ausmachen, ob es sich um eigene oder die anderer handelt, da es sie als Gelegenheit zum Weiterforschen begreift.

Es wird seine Kenntnisse vertiefen, gerne Fragen stellen und den Antworten lauschen.

Liebe ist überall

Ein solches Kind wird die Liebe und Fürsorge seiner Familie zu schätzen wissen. Es wird feststellen, daß viele Menschen die gleichen Gefühle wie es selbst haben.

Nachdenken ist der Schlüssel

Ein solches Kind wird die Hintergründe von Geschehnissen begreifen. Es weiß, daß es Ursachen gibt, auch wenn es sie nicht immer versteht. Es weiß, daß jedes Ereignis Folgen hat, ob sie nun sofort ersichtlich sind oder erst sehr viel später in Erscheinung treten.

Es wird wissen, daß sein Körper, Verstand, Herz und Gemüt von Bedeutung sind. Es wird sich bemühen, niemandem zu schaden, und versuchen, sowohl über die Folgen eigener als auch fremder Handlungen nachzudenken.

Die Welt ist verletzlich

Ein solches Kind wird die Verantwortung zum Schutz seiner Umwelt und der darin lebenden Menschen übernehmen. Es wird sich um sein Umfeld kümmern und es zu verbessern suchen.

Neue Horizonte locken

Ein solches Kind wird Veränderungen mit Begeisterung aufnehmen und die Möglichkeiten darin erkennen. Es wird seine Vorstellungskraft entwickeln und in der Lage sein, vorauszuplanen und zu organisieren.

Frieden ist erstrebenswert

Ein solches Kind wird lernen, wie man mit den Herausforderungen des Lebens umgeht und wie es seinen inneren Frieden erlangt. Es wird in der Lage sein, seine Gefühle und Gedanken in Worten auszudrücken. Es wird die kleinen Dinge ebenso wie die großen genießen.

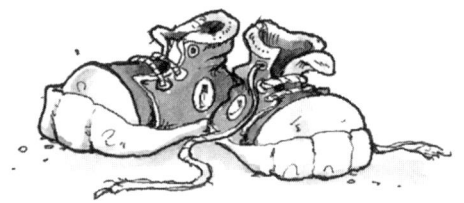

5 Clevere Kids können buchstabieren

Der Unterschied zwischen Kindern, die problemlos buchstabieren und solchen, die damit Schwierigkeiten haben, besteht darin, daß die einen Kinder wissen, wann sie ein Wort richtig schreiben. Fühlen sie sich unsicher, bitten sie um Hilfe oder schlagen im Wörterbuch nach. Sie wissen, daß Wörter ein spannendes Geheimnis sind. Die anderen Kinder hingegen, die mit der Rechtschreibung Probleme haben, halten Wörter für ein Geheimnis, das nie gelöst werden kann.

5.1 Wie man das ABC unterrichtet

Sie können Ihrem Kind in jedem Alter das Buchstabieren beibringen, sofern es die Bereitschaft dazu zeigt. Das kann bereits im Alter von drei Jahren geschehen. Wenn es mit fünf Jahren noch kein Interesse zeigt, können Sie ihm behutsam die Buchstaben in alphabetischer Reihenfolge beibringen. Werden Sie nicht ungeduldig oder resigniert, wenn Ihr Kind zu Beginn nur zwei oder drei Buchstaben auf einmal lernt.

Kinder begreifen beim Lernen des Alphabets, daß ...
- es aus Buchstaben besteht,
- diese eine Bezeichnung haben und einen Laut bilden,
- es 26 Buchstaben in einer bestimmten Reihenfolge gibt,
- der Name des Kindes aus einigen dieser Buchstaben besteht.

Mit Hilfe des Alphabets können Kinder ein Wörterbuch benutzen, um bei Bedarf weitere Wörter ausfindig zu machen.

Vorschläge für den ABC-Unterricht
1. Lassen Sie Ihr Kind dabei zuschauen, wie Sie selbst das Alphabet benutzen, beispielsweise in einem Adreßbuch, in einem Telefonbuch oder in einem Register.
2. Bitten Sie Ihr Kind, die Buchstaben aufzuschreiben, die es kennt, und lassen Sie es dann herausfinden, in welcher Reihenfolge die Buchstaben im Alphabet stehen. Beziffern

98

Sie die Buchstaben, die Ihr Kind geschrieben hat, in der Reihenfolge des Alphabets, z. B. a = 1, b = 2, z = 26.

3. Spornen Sie Ihr Kind dazu an, mehr Buchstaben in alphabetischer Reihenfolge zu lernen, indem Sie es so viele Buchstaben wie möglich schreiben lassen, und zwar angefangen mit »a«. Wenn Ihr Kind den nachfolgenden Buchstaben nicht weiß, schreiben Sie ihn auf und lassen Ihr Kind dann weitermachen. Zum Beispiel schreibt Ihr Kind »a, b, c, d, e, f«. Sie fügen das »g« hinzu. Anschließend schreibt Ihr Kind die Buchstabenfolge nochmals mit dem hinzugefügten Buchstaben auf. Wenn Ihr Kind die Buchstabenfolge aus dem Gedächtnis schreiben kann, fügen Sie den nächsten Buchstaben hinzu. Halten Sie sich zunächst entweder nur an Groß- oder an Kleinschreibung. Den Unterschied können Sie dem Kind beibringen, wenn es sich sicher fühlt.

4. Bitten Sie Ihr Kind, jedem Buchstaben den entsprechenden Laut zuzuordnen. Beharren Sie darauf, daß jeder Laut deutlich gesprochen wird. Manche Laute sind für kleine Kinder bekanntermaßen schwer auszusprechen, wie »r« oder »w«. Jedes Kind hat seine eigenen Schwierigkeiten mit bestimmten Buchstaben, doch achten Sie darauf, daß Ihr Kind alle Buch-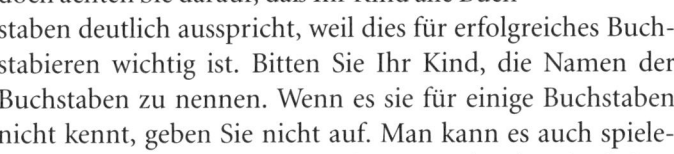staben deutlich ausspricht, weil dies für erfolgreiches Buchstabieren wichtig ist. Bitten Sie Ihr Kind, die Namen der Buchstaben zu nennen. Wenn es sie für einige Buchstaben nicht kennt, geben Sie nicht auf. Man kann es auch spielerisch lernen, z. B. mit dem Spiel »Der Buchstabendetektiv«.

5. Wenn Kinder die Buchstaben erst einmal kennen, können sie sie in Beziehung zueinander setzen. Geben Sie den Buchstaben die Nummern 1 bis 26 und lassen Sie Ihr Kind seinen eigenen Namen in Zahlen schreiben. Anna zum Beispiel schreibt sich dann 1, 14, 14, 1. Fragen Sie Ihr Kind nun, welcher Buchstabe in die erste Hälfte und welcher in die zweite des Alphabets gehört. Dadurch lernt es, ein Wörterbuch schneller zu benutzen. Die Kenntnis des Alphabets und der Reihenfolge der Buchstaben ist für Kinder der Schlüssel zum Gebrauch des Wörterbuchs, selbst wenn sie nur die ersten zwei Buchstaben eines Wortes kennen.

5.2 Hilfe! Mein Kind kann nicht buchstabieren

Keine Angst! Ihr Kind ist lediglich nicht auf die für seine individuellen Bedürfnisse passende Weise unterrichtet worden. Dafür gibt es viele Gründe. Kinder, die Schwierigkeiten beim Buchstabieren haben, können:

- eine Hörschwäche haben,
- eine Sprachschwäche haben,
- Sehprobleme haben,
- krank gewesen sein und den entscheidenden Unterricht versäumt haben,
- das jüngste Kind in der Klasse sein,
- glauben, daß Buchstabieren einfach sei und keiner Mühe bedürfe,
- glauben, sie könnten nicht lernen,
- einem Buchstaben den falschen Laut zugeordnet haben,
- vielleicht keinen Buchstaben exakt schreiben,
- in einem kurzen Zeitraum verschiedene Lehrer gehabt haben,
- nicht in ihrer Muttersprache unterrichtet worden sein,
- nicht im Buchstabieren unterrichtet worden sein,
- von Experten als lernunfähig eingestuft worden sein.

Buchstabieren ist eine Sache des Selbstvertrauens. Wenn Kinder mit entsprechenden Problemen erst einmal Selbstvertrauen erlangt haben, werden Sie sich gern mit dem Buchstabieren befassen. Buchstabieren ist eng mit dem Denken verknüpft.

5.2.1 Nicht zu große Schritte machen

Fangen Sie nicht sofort damit an, Ihrem Kind die Rechtschreibregeln beizubringen – Kinder, die mitdenken können, werden die Systematik nach und nach ohnehin verstehen.

Es ist wichtig, sich zu vergegenwärtigen, daß wir durch Nachdenken schreiben lernen. Und das geschieht dann am einfachsten, wenn wir uns auf das Nächstliegende konzentrieren.

Das Rezept für gutes Buchstabieren

- Das Lernen des Alphabets kann Spaß machen.
- Eselsbrücken sind nicht idiotensicher – man weiß nie, welche anzuwenden ist.
- Klare Aussprache ist die halbe Lösung.
- Erfolg erzeugt Erfolg – laß dich nicht zurückhalten.
- Übe zunächst die kurzen Wörter, dann werden die langen einfacher zu buchstabieren sein.
- Auch wenn du schon gut schreiben kannst, solltest du deine Handschrift verbessern, damit andere Leute sie problemlos lesen können.
- Abschreiben ist kein Verbrechen.
- Mach es dir leichter – geh Schritt für Schritt voran.
- Denk immer daran: Du wirst das Buchstabieren brauchen können.
- Laute währen ewig.
- Übung macht den Meister – also schreibe!

Wenn wir wissen, daß ...

1. das Alphabet aus zwei Arten von Buchstaben besteht – nämlich aus Vokalen und Konsonanten,
2. durch verschiedene Zusammensetzung der Buchstaben Wörter gebildet werden,

... dann können wir buchstabieren.

5.2.2 Alle langen Wörter setzen sich aus Silben zusammen

Alle Silben sind zusammengehörige Laute.
Einige Silben sind kleine Wörter.
Jede Silbe hat einen Vokal.

un + ter = unter	Zwei Silben bilden das Wort »unter«.
Fern + glas = Fernglas	Zwei kleine Wörter bilden das Wort »Fernglas«.

Wenn wir ein Wort anschauen, müssen wir auf folgendes achten:

- auf die Vokale – das sind »a«, »e«, »i«, »o«, »u«, und im weitesten Sinne auch »y« wie in »Baby«, oder die Umlaute »ä« wie in »kämpfen«, »ö« wie in »Föhn« oder »ü« wie in »müssen«,
- auf die Lautgruppe oder das kleine Wort, zu dem der Vokal gehört.

Selten bildet ein Vokal auch eine eigene Silbe:

A – horn

Manchmal wird ein Vokal nicht einzeln ausgesprochen:

Bier   das »e« bleibt stumm

Wenn wir die gängigen Lautgruppen kennen, haben wir es mit dem Schreiben und Lesen leichter. Die häufigsten sind zum Beispiel:

ab	an	auf	aus	be	bei	da	ein
en	end	en	er	ge	gen	heit	her
hin	ig	in	keit	lich	lig	sten	te
um	un	ung	ver	zu			

Die Namen der Konsonanten bestehen, anders als die der Vokale, aus zwei oder mehreren Buchstaben, wie zum Beispiel:

be = **b**, ef = **f**, ka = k, ypsilon = **y**, zett = **z**.

Wenn man weiß, wie die Buchstaben in einem Wort ausgesprochen werden, wird das Lesen und Schreiben einfacher. Es hilft Kindern, Mißverständnisse über die Wortbildung zu überwinden.

Denken Sie daran, daß Sie die Furcht vor den Wörtern beseitigen und stattdessen Spaß und Abenteuer in das Buchstabieren hineinbringen wollen.

5.3 Das Magische Wort

Das **Magische Wort** beweist Kindern, daß sie buchstabieren können – und sogar ziemlich lange Wörter! Es ist eine schnelle und zuverlässige Methode, das Selbstvertrauen des Kindes zu stärken und gleichzeitig sein Interesse am Buchstabieren zu wecken.

Das erste, was wir den Kindern sagen, ist: »Dieses Spiel machen wir, weil wir gemeinsam herausfinden wollen, ob ich gut genug bin, um dir helfen zu können«. Gehen Sie am besten auf diese Weise vor. Erklären Sie Ihrem Kind, daß Sie beide zusammen feststellen wollen, ob die Methode des **Magischen Worts** funktioniert.

Mit Hilfe des **Magischen Worts** erfahren Kinder, daß sie sich auch Wörter, die sie als schwer empfunden haben, einprägen können. Da sie sich für dumm hielten oder glaubten, nicht buchstabieren zu können, wurde ihre Energie durch Sorge, Furcht und Hilflosigkeit verbraucht. Durch die Arbeit mit dem **Magischen Wort** wird ihre Energie auf das Buchstabieren gelenkt. Ihre Selbstzweifel werden somit zu Selbstvertrauen!

Wie das Magische Wort funktioniert

1. Was geschieht, wenn ein Kind das Wort auswählt? Wenn ein Kind das Wort selbst auswählen darf, erhält es die Kontrolle über den Vorgang. Wenn es ängstlich ist, wählt es vielleicht ein einfaches Wort mit wenigen Buchstaben aus, z. B. »Eis«. Gehen Sie Schritt für Schritt vor (wie auf der nächsten Seite beschrieben), doch sobald das Kind buchstabieren oder schreiben will, lassen Sie es gewähren. Es wird sich dann mit Begeisterung auf das nächste Wort stürzen, ob es nun vier Buchstaben hat oder 14.

2. Was geschieht, wenn die Buchstaben laut ausgesprochen werden? Wenn das Kind Ihnen die Buchstaben laut vorliest, bekommen Sie mit, ob es sie deutlich genug spricht, um sie beim Buchstabieren des Wortes zu verwenden. Und Sie werden erfahren, ob es alle Buchstaben im Wort kennt oder ob

Wie man das Magische Wort einsetzt

1. Bitten Sie Ihr Kind, sich ein Wort aus einem Text auszusuchen. Es kann jedes beliebige Wort sein. Ihr Kind muß es nicht unbedingt lesen können – es genügt, wenn es darauf zeigt.
2. Dann kann Ihr Kind Ihnen die einzelnen Buchstaben vorlesen.
3. Schreiben Sie das Wort so auf, daß Ihr Kind es sehen kann.
4. Fragen Sie Ihr Kind nun, was es sieht, wenn es das Wort betrachtet, und sagen Sie dann, was Sie sehen.
5. Schreiben Sie die Ideen auf, die Sie beide hatten.
6. Falls Sie es noch nicht getan haben, schauen Sie nun nach, ob in dem Wort Buchstaben doppelt oder mehrmals vorkommen. (Siehe den Abschnitt »Was erkennst du in einem Wort?« auf Seite **114**.)
7. Lassen Sie Ihr Kind nun das Wort laut buchstabieren.
8. Wenn es ihm gelingt, versuchen Sie, ob es das Wort problemlos schreiben kann.
9. Wenn es das nicht kann, prüfen Sie nach, wo der Fehler liegt, und geben Sie Hinweise, wie man sich das Wort einprägt. (Siehe den Abschnitt »Wie du dir ein Wort einprägst« auf Seite **114f**.)
10. Versuchen Sie nun nochmals Schritt 7.

es über einen der Buchstaben stolpert und dabei Ihre Hilfe braucht.

3. Was geschieht, wenn das Wort aufgeschrieben wird?
Wenn Sie das Wort aufschreiben, während das Kind Ihnen die Buchstaben nennt, erkennt es selbst die Laute, die in Buchstabenformen umgewandelt werden. Da Sie noch immer keine weitergehenden Anforderungen an das Kind stellen, gibt es selbst das Tempo vor, und da Sie selbst das Wort aufschreiben, kann es sich ungehindert auf das Buchstabieren konzentrieren.

4. Was geschieht, wenn das Kind gefragt wird, was es in einem Wort sehen kann? Menschen, die nicht schreiben können, erkennen nicht, daß es in einem Wort immer etwas zu sehen gibt. Manchmal sieht ein Kind eine Reihe von Buchstaben, manchmal einen Wirrwarr und gelegentlich nur ein Problem. Wenn Ihr Kind erfährt, daß Sie selbst viele Dinge in einem Wort sehen, wird es ebenfalls lernen, daß es etwas zu sehen gibt, worüber nachzudenken sich lohnt.

5. Was geschieht, wenn man die Einfälle zu einem Wort aufschreibt? Wenn Sie das, was Sie beide in einem Wort gesehen haben, aufschreiben, hat das Kind zweierlei Gelegenheiten, sich an das Wort zu erinnern: nämlich durch Hören und durch Sehen. Das wird seine Aufmerksamkeit fesseln. Für Sie ist es ebenfalls hilfreich, da Sie klarer erkennen, was es verstanden hat und wo es noch Hilfe braucht.

6. Was bewirkt es, wenn man ihm Fragen stellt? Wenn das Kind Startprobleme hat, können Sie ihm Fragen stellen. (Siehe den Abschnitt »Was erkennst du in einem Wort?« auf Seite 114f). Wenn Sie die Antworten aufschreiben, erhält es nicht nur mehr Informationen über das Wort, sondern auch Anstöße, wie es sich das Wort einprägen kann. Seine Beobachtungsgabe wird sich verbessern, und es lernt Techniken, die ihm beim Buchstabieren des nächsten Wortes helfen werden.

7. Warum soll das Wort laut buchstabiert werden? Durch die Aufforderung, das Wort laut zu buchstabieren, geben Sie Ihrem Kind die Gelegenheit, sein Können zu beweisen. Die Fähigkeit, ein Wort schreiben zu können, ist nicht gleichzusetzen mit der Fähigkeit, den Laut zu bilden. Versuchen Sie also nicht, beides zugleich zu fordern.

8. Was bewirkt es, das Wort als Ganzes zu schreiben? Durch das Schreiben des ganzen Wortes überprüfen Sie, ob es alle Buchstaben tatsächlich begriffen hat. Das Magische Wort wird dadurch für das Kind noch wundersamer, da es ihm nun, nachdem es nie geglaubt hatte, das Wort jemals buchstabieren zu können, wie ein Wunder erscheint, daß es das Wort sogar schreiben kann.

9. Welchen Nutzen hat es, Fehler zu machen? Jeder Fehler macht Sie und Ihr Kind darauf aufmerksam, wo zusätzliche

Hilfe benötigt wird: bei der Aussprache, der Buchstabenform, den Lauten und Namen. Indem das Kind das Wort beim Buchstabieren vorsagt, erkennt es, daß man sich das, was man sich vorgenommen hat, vor Augen führen muß und daß Lernen bedeutet, ein Bemühen an den Tag zu legen.

10. Warum ist es von Bedeutung, mit einem Erfolgsgefühl aufzuhören? Es ist sehr wichtig, daß das Kind nach einer Unterrichtsstunde ein Erfolgsgefühl hat. Manchmal sind Kinder so begeistert über ihr eigenes Können, daß sie immer längere Wörter aussuchen und entsprechend mehr Unterstützung beim Buchstabieren benötigen. Wenn Ihr Kind lernt, sich von gewonnenem Selbstvertrauen beflügeln zu lassen, aber auch Hilfe anzunehmen, wenn es anfangs nicht klappt, wird die Strecke, die es selbst wie im Flug zurücklegen kann, immer größer werden.

Sollte das Magische Wort nicht so funktionieren wie hier beschrieben, ziehen Sie den Abschnitt »Schiefgelaufenes geradebiegen« auf Seite 110 zu Rate.

5.4 Der Anfang: zehn einfache Schritte

1. Lehren Sie Ihr Kind die Laute der Buchstaben.
2. Lehren Sie Ihr Kind die Namen der Buchstaben.
3. Lehren Sie Ihr Kind, die Formen der Buchstaben wiederzuerkennen:
- Malen Sie in der Badewanne Buchstaben aus Schaum.
- Befestigen Sie magnetische Buchstaben am Kühlschrank.
- Suchen Sie nach den Anfangsbuchstaben in Anzeigen.

4. Lehren Sie Ihr Kind, die Buchstaben herzustellen:
- Formen Sie sie aus Knetmasse.
- Malen Sie sie in den Sand.
- Schreiben Sie sie auf eine Tafel.
- Zeichnen Sie sie mit dem Finger in die Luft.

5. Lehren Sie Ihr Kind, die Laute der Buchstaben deutlich auszusprechen.

6. Lehren Sie Ihr Kind, die Namen der Buchstaben deutlich vorzusagen.

7. Machen Sie deutlich, daß Buchstaben überall zu finden sind. Zeigen Sie Ihrem Kind die Buchstaben, die es aus seinem Namen kennt, in anderen Wörtern.

8. Bringen Sie Ihrem Kind bei, mit diesen Buchstaben seinen eigenen Namen zu schreiben.

9. Bringen Sie Ihrem Kind das ABC-Lied bei und weisen Sie beim Singen auf die jeweiligen Buchstaben.

10. Spielen Sie mit ihm den »Buchstabendetektiv«, damit Ihr Kind den ersten Buchstaben eines Wortes mit dem entsprechenden Laut in Verbindung bringt.

So auch Robert: Er sang zwar das ABC-Lied, aber er begriff nicht, daß es etwas mit den Buchstaben, die ihm beigebracht wurden, zu tun hatte. Nachdem er das verstanden hatte, wies er beim Singen auf die entsprechenden Buchstaben und konnte zwischen ihnen und ihren Namen eine Beziehung herstellen.

5.5 Die nächsten Schritte

1. Blättern Sie zurück zum Abschnitt »Wie man das ABC unterrichtet« auf Seite 98f und stellen Sie fest, wo Ihr Kind steht und was Sie als nächstes in Angriff nehmen.

2. Bringen Sie ihm einfache Wörter aus zwei oder drei Buchstaben bei, zum Beispiel

ab	wo	zu	da	in	wer	zum	rum
das	auf	hat	tun	ist	der	bis	vor

3. Bringen Sie Ihrem Kind dann einfache Wörter mit drei oder vier Buchstaben bei, die so ausgesprochen werden, wie sie geschrieben werden, zum Beispiel

rot, Film, Bad, Weg oder Tat.

4. Bringen Sie Ihrem Kind dann einfache Wörter mit drei oder vier Buchstaben bei, die einen höheren Schwierigkeitsgrad haben, weil sie nicht so geschrieben werden, wie sie gesprochen werden (weil z. B. zwei Konsonanten oder zwei

Vokale einen gemeinsamen oder Umlaute einen neuen Laut bilden):

Sack, Spiel, trüb, süß.

Der Vorteil, zunächst einfache und dann schwierigere Wörter zu lernen, liegt darin, daß

- ein Kind, das mindestens 25 Wörter mit zwei oder drei Buchstaben beherrscht, den Grundstock für weitere Wörter hat,
- ein Kind Silben kennenlernt, die einzeln ein eigenes Wort und zusammen Teile eines Wortes sein können (»dahin« zum Beispiel besteht aus aus zwei Silben – »da« und »hin«)
- komplizierte Wörter weniger furchteinflößend erscheinen, wenn das Kind darin einzelne Silben wiedererkennt.

5. Schauen Sie nun, wieviele Wörter Ihr Kind aus einem Wort, das es kennt (zum Beispiel: »ein«), bilden kann:

rein, fein, kein, sein, mein, Wein, Bein

In jedem beliebigen Buch lassen sich noch mehr solcher Wörter finden. Diese Wörter könnten Sie in ein Übungsheft mit mindestens 26 Seiten schreiben – wobei für jeden Buchstaben eine Seite reserviert wird.

6. Machen Sie Ihr Kind dann mit schwierigeren Drei- oder Vierbuchstabenwörtern bekannt, die häufig vorkommen, wie zum Beispiel

wie, auf, die, ihr, weg, vor, wenn, über, sein, sich.

Vergegenwärtigen Sie sich immer wieder, daß die kurzen Wörter mit zwei, drei oder vier Buchstaben von großer Bedeutung sind. Wenn Kinder sie erst einmal beherrschen, machen sie rasch Fortschritte. Diese Wörter bilden den Grundstock zum Buchstabieren.

Wie Sie das Buchstabieren Ihres Kindes fördern

Wenn Kinder im Diktat gute Noten haben und ihre Aufsätze fast ohne Rechtschreibfehler schreiben, mag es erscheinen, als hätten sie es begriffen. Tatsächlich mögen sie wohl ein gewisses Niveau erreicht, aber ihr Potential noch lange nicht ausgeschöpft haben.

Was wir wirklich wollen ist,

- daß sie immer weiter kommen wollen,
- daß sie es großartig finden, wie Wörter geschrieben werden,
- daß sie mühelos die Rechtschreibung einer Fremdsprache als eine Kombination von Buchstaben betrachten,
- daß sie selbstbewußt ein Lexikon benutzen,
- daß sie ein Wörterbuch benutzen, um damit ihr Vokabular zu erweitern,
- daß sie Fachlexika benutzen können,
- daß sie den Wortstamm ebenso wie Vor- und Nachsilben erkennen,
- daß sie sich in der Lage fühlen, alle benötigten Wörter richtig schreiben zu lernen,
- daß sie sich sicher sind, mit einem Rechtschreibproblem umgehen zu können.

Im folgenden drei Vorschläge, wie Sie die Rechtschreibung eines Kindes fördern können.

Erweitern Sie den Wortschatz

Suchen Sie zehn schwierige Wörter aus einer Zeitung und schlagen Sie deren Bedeutung nach. Setzen Sie auf die Hilfe des **Magischen Worts** und versuchen Sie, ob Ihr Kind sie buchstabieren und schreiben kann.

Machen Sie Schreiben zu einem Denkspiel

Finden Sie mit Hilfe eines Wörterbuchs Wörter heraus, die das Wort »schön« in den folgenden Sätzen ersetzen können.

Es war ein schöner Tag.
Ich habe ein schönes Geschenk bekommen.
Ich habe ein schönes Buch zu Ende gelesen.
Sie hat ein schönes Gesicht.

Befassen Sie sich mit der Herkunft der Wörter

Wecken Sie das Interesse Ihres Kindes an der Herkunft der Wörter, an der Etymologie. Etymologische Wörterbücher erklären den Ursprung von Wörtern und wie ihre Bedeutung sich im Laufe der Zeit gewandelt hat.

Das Wort »Schule« beispielsweise entstammt dem Griechischen »schole« und bezeichnete ursprünglich Mußestunden, in denen man sich sinnvoll beschäftigte und gelehrte Gespräche führte!

5.6 Schiefgelaufenes geradebiegen

Das Mädchen, das nur Kauderwelsch schrieb

Im Alter von sieben Jahren schrieb Lisa reizende Geschichten, die sie laut vorlas. Wenn jedoch jemand anderes ihre Geschichten lesen wollte, war nichts als ein einziges Kuddelmuddel zu sehen. In Lisas Kopf lautete der Satz, »Ich ging mit meiner Schwester zum Spielen in den Park«, aber was auf dem Papier stand, lautete »Ich ster hopp möge geeh noch west mpf akh maff«. Überflüssig zu erwähnen, daß Erwachsene beim Leseversuch überrascht waren.

Lisa selbst war sogar noch verwirrter, da sie glaubte, daß Gedanken aufschreiben bedeute, sie müsse einen wilden Haufen Buchstaben für jedes Wort schreiben und sich dann an das erinnern, was sie sagen wollte.

Jemand wie Lisa hat sicherlich fleißig gelernt – doch leider das Falsche. Lisa blieb in einem frühen Stadium des Buchstabierenlernens hängen, einem kleinen Kind vergleichbar, das voller Selbstvertrauen aus einem Buch eine erfundene Geschichte »vorliest«. Lisas Problem lag darin, daß sie gar nicht mitbekam, daß sie nur so tat, als könne sie buchstabieren.

5.6.1 Wie man »Als-ob-Buchstabierern« helfen kann

1. Atmen Sie einmal tief durch.
2. Überprüfen Sie, ob das Kind die zehn Anfangsschritte von Seite 106f bewältigen kann.
3. Lassen Sie Ihrem Sprößling Zeit zu lernen. Kinder, die etwas falsch gelernt haben, brauchen länger, um sich umzustellen und neu zu lernen, als wenn sie es gleich beim ersten Mal richtig gelernt hätten.
4. Betrachten Sie sich und Ihr Kind als ein Team, das ge-

meinsam den richtigen Weg zur Bewältigung des Problems sucht. Achten Sie darauf, daß Ihr Kind das ebenso sieht.

Die Methode, die sich in Lisas Fall als erfolgreich erwies, war das erneute Durchgehen des Alphabets und das richtige Erlernen der Buchstabenlaute. Dann mußte sie lernen, die Laute den einzelnen Buchstaben zuzuordnen und die Buchstaben richtig zu schreiben.

Unser Rat ist aufgrund unserer Erfahrungen bei der Kinderhilfe – besonders, wenn die Kinder ihre Aufgaben falsch verstanden haben – folgender:

- Bleiben Sie optimistisch – egal, wieviel Rückschläge es auch geben mag. Die Kinder werden nach und nach an Boden gewinnen.
- Unterrichten Sie Ihr Kind für die Zukunft immer an der Grenze seines Wissens, auch wenn das nicht kampflos gehen wird und Ihr Kind ständig Unterstützung braucht, um nicht abzugleiten.
- Vertiefen Sie all das, was Ihr Kind bereits weiß, damit sein Wissen gefestigt wird.
- Nehmen Sie sich auch die Dinge beim Unterrichten vor, die es nur oberflächlich kennt, damit sie wirklich sitzen.
- Bleiben Sie vor allem freundlich und bestärken Sie sich und Ihr Kind dadurch, daß Sie auf das achten, was Ihr Kind und was Sie selbst gelernt haben. Geben Sie nicht auf!

5.6.2 Wie Sie einem Kind, das kaum schreiben und überhaupt nicht buchstabieren kann, helfen können

Der Junge, der überhaupt nicht schreiben wollte

Wenn der zehnjährige David etwas schreiben sollte, wurde er stets rot und begann sich zu sträuben. Zwang man ihn schließlich, malte er lediglich einen Haufen Striche. Um nicht als trotzig zu erscheinen, schrieb er schließlich irgendein Wort ab, doch er konnte weder buchstabieren noch hatte er gelernt zu fragen, wie man ein Wort schreibt.

1. Prüfen Sie nach, ob Ihr Kind alle Anfangsschritte auf Seite 106f beherrscht.

2. Bauen Sie das Selbstvertrauen des Kindes auf. Zeigen Sie ihm, wie geschriebene Wörter benutzt werden können. Das gibt ihm das Gefühl, daß es Wörter beherrschen kann, anstatt daß es sich von den Wörtern überwältigt fühlt.

3. Suchen Sie sich aus einem Buch eine kurze Passage heraus und lassen Sie diese von Ihrem Kind abschreiben, indem es die einzelnen Wörter nach der jeweiligen Buchstabenzahl anordnet. Ein Beispiel:

Der Hund rannte über die Straße. Tim lief ihm hinterher. Ein Auto fuhr die Straße entlang. Das Auto hielt an. Ein Mann stieg aus. »Du darfst nicht über die Straße rennen«, sagte er.

2	3	4	5	6+
er	der	Hund	hielt	rannte
du	die	über	stieg	Straße
	Tim	lief	nicht	hinterher
	ihm	Auto	sagte	entlang
	ein	fuhr		darfst
	das	Mann		rennen
	aus	über		

4. Bitten Sie Ihr Kind nun, einen Satz mit diesen Wörtern zu schreiben. Die Fähigkeit, die Wörter zum Darstellen seiner Gedanken zu nutzen, damit andere sie lesen können, wird es mit Selbstbewußtsein und Freude erfüllen.

Es spielt keine Rolle, wenn Ihr Kind nur die abgeschriebenen Wörter benutzt. Sobald das Selbstbewußtsein steigt, wird sich Ihr Kind an einige bekannte Wörter erinnern und neue dazu lernen wollen. Dadurch öffnet sich Ihr Kind für weiteres Lernen.

Kinder werden nach und nach richtig schreiben können, wenn man ihnen beibringt:
- die richtige Schreibweise in einem Buch oder Wörterbuch nachzuschauen,

- ein benötigtes Wort einfach auszuprobieren,
- es zunächst auf Schmierpapier auszuprobieren, bevor man es ins Schulheft schreibt.

5.6.3 Unbedacht Dahergesagtes kann die Entwicklung eines ganzen Lebens verbauen

Wenn prominente Menschen behaupten, daß etwas nicht wichtig sei, kann das bei unreifen Menschen auf fruchtbaren Boden fallen. Von Sportlern oder Popstars kann man beispielsweise hören: »Ich habe mich nie um die Schule gekümmert. Von Rechtschreibung habe ich keinen blassen Schimmer, aber ich habe es trotzdem zu etwas gebracht«. Das Ergebnis solcher Sprüche ist oftmals ein Junge wie Klemens.

Tausende von Kindern, einschließlich unser Klemens, sehen es als weit sinnvoller an, hart für eine Sportart zu trainieren, als sich Mühe mit dem Buchstabieren zu geben. Hinzu kommt oftmals das Problem, daß Buchstabier- oder Leseschwäche allzu schnell als »Legasthenie« oder »Lernbehinderung« eingestuft und das Versagen von Klemens beim Buchstabierenlernen somit akzeptiert wird. In der Folge wird man ihm keinerlei Anstrengungen in dieser Hinsicht mehr zumuten wollen.

Wenn Experten seinen Eltern dann auch noch raten, Klemens ein positives Selbstwertgefühl zu vermitteln, ist das Ergebnis abzusehen, daß er, während seine Freunde Hausaufgaben machen, auf dem Fußballplatz Balltechnik trainiert. Seine Rechtschreibung wird nie korrigiert, damit er nicht entmutigt wird. Klemens sitzt in der Falle.

Im Fußballteam hingegen erwartet man schon von ihm, an seinen Schwächen zu arbeiten. Im Spiel geht es nicht um seine Bequemlichkeit. Klemens weiß, daß er, will er ein guter Fußballer werden, trainieren und üben sowie seine Fehler erkennen und an ihnen arbeiten muß.

Auf Klemens' Schwächen im Fußball reagiert man verständnisvoll, doch seine Rechtschreibschwäche interessiert niemanden.

5.7 Übungen und Spiele

5.7.1 Was kannst du in einem Wort erkennen?

- Vokale
- Silben
- die Anzahl der Buchstaben
- den Anfangsbuchstaben
- den letzten Buchstaben
- kleine Wörter
- Doppelbuchstaben
- Buchstaben, die mehrfach auftauchen
- Buchstabenfolgen, wie »-ing«, »-lich«, »ent-«
- verwirrende Elemente im Wort
- Formen
- Buchstaben, die nicht ausgesprochen werden, wie das erste »e« in »Wiese«
- Rechtschreibregeln (z. B. folgt nach »q« immer ein »u«)
- Eselsbrücken
- die Anzahl der Buchstaben in jeder Silbe
- ob mehr als eine Silbe mit dem gleichen Buchstaben beginnt
- ob die Buchstaben immer gleich ausgesprochen werden – »ch« wird manchmal wie Husten, wie in »machen«, und manchmal wie Zischeln, wie in »weich«, ausgesprochen

Wenn man ein Wort wie oben beschrieben betrachtet, fällt es leichter, es korrekt zu lernen.

5.7.2 Wie man sich ein Wort einprägt

Ebenso wie man sich die eigene Telefonnummer einprägt, braucht man auch eine Methode, ein Wort, das man schreiben will, im Gedächtnis zu behalten. Ihr Kind kann sich dabei für folgende Möglichkeiten entscheiden:

- die Form des Wortes betrachten
- das Wort nach Kategorien ordnen – das Wort »Wetter« gehört z. B. in die Kategorie »doppeltes t« und in die für Wörter, die mit »er« enden.

- eine Eselsbrücke für das Wort benutzen

  »Die Ingrid saust zurück« erinnert mit den Anfangsbuchstaben an die ersten, komplizierten Buchstaben von »Diszi-
  plin« und an die Reihenfolge, wann das »s« und wann das
  »z« kommt.

  »Tante Tina sucht Susi« erinnert daran, wieviel »t« und
  wieviel »s« in »Mittagessen« vorkommen.

  Das Wort »Fotograf« schreibt sich leichter, wenn man
  daran denkt, daß es mit »Graf« aufhört und der gleiche
  Buchstabe am Anfang und am Ende steht.

  »Wer nämlich mit »h« schreibt, ist dämlich«, ist ein ein-
  prägsamer Spruch für die Schreibweise von »nämlich«.

- sich an Buchstaben erinnern, die nicht gesprochen, aber
  geschrieben werden, wie das stumme »e« in »Brief«
- sich bei Umlauten in Verben an das Substantiv erinnern –
  so heißt es nicht »hemmern«, sondern »hämmern« (von
  »Hammer«)
- sich an die Zahl der Buchstaben in einem Wort erinnern –
  der große »Mann« hat vier Buchstaben, das kleine »man«
  aber nur drei
- sich an Kleinigkeiten erinnern, die einem Kind das Wort ins
  Gedächtnis rufen – wie beispielsweise, daß der Anfangs-
  buchstabe des Wortes der gleiche ist wie der des Namens
  des Kindes oder daß »Leben« rückwärts gelesen »Nebel«
  ergibt.

Achten Sie darauf, daß alles, was gelernt wurde, korrekt und
deutlich geschrieben sein muß!

5.7.3 Anagramme

Auf diese Art erhält man eine Fülle an Möglichkeiten, über
das Buchstabieren nachzudenken.
Eine einfache Art ist ...

- die Körperteile aufzulisten:
  Hals   Fuß   Zeh   Bein   Hand   Haut   Blut

- Mischen Sie die Buchstaben der einzelnen Wörter
  sahl   ßuf   hez   nieb   dhan   utah   tubl

und lassen Sie Ihr Kind nun die Buchstaben wieder richtig
zusammensetzen.

- Nehmen Sie sich nun schwierigere Wörter vor:
  Gelenk   Hüfte Schulter Schienbein Knöchel Ellbogen

- Jetzt sind Sie an der Reihe:
  chalabuben   shechalöhel   roschlehum

Ganz schön schwierig, nicht wahr?

Wortsuche

Halten Sie ein leeres Karoquadrat für die Wortsuche bereit,
und jedes Buchstabierverzeichnis wird zu einem Spiel.

c	d	a	m	n	p	v	l	w	h
h	i	n	a	u	f	x	a	y	a
z	r	a	u	b	a	k	u	l	u
l	a	u	s	m	u	n	f	d	p
e	f	s	t	a	u	g	e	h	t
t	r	a	u	m	g	e	n	a	u
h	i	s	c	h	l	a	u	j	k
a	u	s	l	r	a	u	s	c	h
u	m	p	a	u	s	e	n	o	p
s	t	a	u	q	s	d	e	f	h

hinauf
genau
Maus
Haus
Pfau
Laus
aus
Haupt
Stau
Rausch
Raub
laufen
Pause
Traum
schlau

5.7.5 Kreuzworträtsel

Lassen Sie Ihr Kind entdecken, was in einem Wort steckt. Suchen Sie zwei Wörter heraus, die die gleiche Anzahl an Buchstaben haben. Sie müssen eine ungerade Zahl haben, und der mittlere Buchstabe muß in beiden Wörtern gleich sein.

»neu« und »Heu«

	n	
H	e	u
	u	

»Segel« und »Regen«

		r		
		e		
s	e	g	e	l
		e		
		n		

5.7.6 Meine Tante mag ...

Auf diese Art bekommt man Kinder dazu, über Wörter nachzudenken, und gleichzeitig ist dies ein ideales Spiel für lange Autofahrten. Überlegen Sie sich, was diese Tante mögen könnte, zum Beispiel Wörter mit Doppelbuchstaben. Behalten Sie das für sich und denken Sie sich ein Beispiel aus, was sie mag und was nicht.

Meine Tante mag Kaffee, aber keinen Saft.

Die anderen Mitspieler müssen nun nachdenken, und wenn sie herausgefunden haben, was die Tante mag, müssen sie auch ein Beispiel nennen. Wenn es richtig ist, dürfen sie den anderen ein ähnliches Rätsel aufgeben. Wenn es falsch ist, müssen Sie weitere Beispiele suchen.

Das Spiel kann man noch steigern, indem man Anfangsbuchstaben aussucht, die gleich lauten, aber unterschiedlich
geschrieben werden, z. B. »Vogel« und »Flugzeug«.

Meine Tante mag Vögel, aber keine Flugzeuge.
Meine Tante mag Völkerball, aber keinen Fußball.

Man kann es noch schwieriger machen, wenn der Buchstabe mitten im Wort auftaucht.

Meine Tante mag Brücken, aber keine Bänke.
Meine Tante ist einverstanden, aber nicht festgelegt.

5.7.7 Ohne Punkt und Komma

Selbst einfachste Sätze wirken merkwürdig, wenn die Worte
ohne Zwischenraum hintereinander geschrieben werden.
Versuchen Sie, diesen Satz zu entwirren:

Ichbinmorgensaufgestandenundhabemeingesichtgewaschen.

Oder schwieriger:

Wenndasfrühstücknichtfertigistmußdiefamiliehungerleiden.

Versuchen Sie nun dies:

Wissenschaftlerarbeiteningroßeninstitutionendiemanuniversitä-
tennennt.

6 Clevere Kids können lesen

Das ABC des Leseerfolgs

Kinder werden zu guten und
begeistertern Leseratten, wenn ...

- die Eltern keine Angst haben, Hilfestellungen zu geben,
- sie interessante und hübsche Bücher erhalten,
- sie ein Buch nicht von Anfang bis Ende durchlesen müssen,
- die Eltern ihre Kinder nicht mit anderen vergleichen,
- sie auch fremdsprachige Bücher lesen,
- sie viele Gelegenheiten erhalten, laut vorzulesen, selbst wenn sie bereits fließend lesen können,
- im Haus Bücher vorhanden sind und sie selbst welche besitzen,
- sie sich während einer Vorlesestunde dort hinsetzen, wo sie auch etwas hören können,
- sie oft in Buchläden und Büchereien herumstöbern dürfen,
- sie andere Leute aus dem Familien- oder Freundeskreis zum Vergnügen oder aus Interesse lesen sehen,
- sie laut und deutlich sprechen, wenn sie vorlesen,
- sie nicht die Bücher lesen müssen, die ihre Eltern als Kinder mochten,
- sie eine Brille tragen, wenn es notwendig ist,
- sie eigene Sammelalben, Zeichen, Aufkleber und Notizen machen,
- sie erkennen, daß überall etwas zu lesen ist – auf Schildern, Verpackungen, Einfahrten und Türen,
- von ihnen nicht erwartet wird, gleich alles lesen zu können,
- sie ihrem eigenen Rhythmus folgen dürfen und sich die Eltern als hilfsbereit erweisen,
- sie selbst etwas schreiben, um es anderen Leuten zum Lesen zu geben,
- sie andere Personen laut lesen hören, z. B. Eltern, Lehrer, Erzähler im Fernsehen, im Radio oder in der Bücherei,

- Bücher Teil des Feriengepäcks sind,
- sie Lesen als etwas erfahren, das durch Übung und Experimentieren zu erlernen ist,
- sie wegen ihrer Bücherliebe nicht ausgelacht oder abgewertet werden,
- ihre Lesekünste die Eltern mit Stolz erfüllen,
- sie alles, was ihr Interesse weckt, lesen dürfen,
- die Eltern selbst wissen, was zu tun ist und ihren Humor und ihren gesunden Menschenverstand bewahren, wenn Experten ihre Meinung äußern,
- die Eltern sich Zeit nehmen zur gemeinsamen Lektüre der Bücher.

Lesen ist ein Vergnügen, das ein Leben lang anhält – und je mehr man liest, desto weiter reicht der eigene Horizont. Sie tun also gut daran, wenn Sie sich um die Lesefähigkeit Ihres Kindes kümmern. Erwachsene, die lesen können,

- empfinden sich als Teil der Gesellschaft,
- sind selbstbewußt,
- sind froh, ihren Kindern helfen zu können,
- können überall dabei sein, wo sie etwas lesen müssen,
- haben bessere Möglichkeiten, einen Arbeitsplatz zu finden,
- können sich weiterbilden,
- können mit Formularen umgehen,
- wissen, daß sie lernfähig sind.

Kinder, die lesen können,

- freuen sich, wenn sie in einem Buch etwas entdecken,
- können Computer richtig handhaben,
- können mit anderen Leseratten Bücher austauschen,
- können sich in ein Buch vertiefen,
- wissen, wie sie weitere Informationen ausfindig machen.

Mit jeder Lehrer- oder Wissenschaftlergeneration wurde eine neue Methode des Lesenlernens erfunden, was Eltern gelegentlich durcheinanderbrachte. Manche Methode erwies sich als hilfreich und hat dem einen oder anderen Schüler auf die Sprünge geholfen. Doch eine ultimative Methode wurde bislang noch nicht entwickelt. Zerbrechen Sie sich also nicht den Kopf, wenn die eine oder andere mehr oder weniger erprobte Methode bei Ihrem Kind nicht wirkt: Wir zeigen Ihnen, wie man Kindern Lesen beibringt.

6.1 Wie Kinder zu Leseratten werden

Zwingen Sie Ihr Kind nicht, gehen Sie gemeinsam vor! Stecken Sie sich einvernehmlich die Ziele ab – schließlich wollen Sie beide, daß Ihr Kind lesen kann, damit es

- Bücher liebt und sich in jeder Lage, in der Lesen erforderlich ist, selbstbewußt und kompetent fühlt,
- alles lesen kann,
- auf andere lesende Kinder Rücksicht nimmt,
- ohne Angst laut vorlesen kann,
- keine Probleme hat, Texte, die es nicht verstanden hat, zwei- oder dreimal zu lesen,
- erfährt, daß ihm durch jeden Text mit komplizierten Gedankengängen neue Einsichten vermittelt werden,
- sich weder durch Vielschichtigkeit noch durch Einfachheit abschrecken läßt,
- die Erfahrung macht, daß man von allem lernen kann,
- Verständnis dafür hat, daß Menschen unterschiedliche Dinge lesen,
- gerne Wörterbücher und Lexika benutzt, um mehr über ein Thema zu erfahren.

Wenn Sie sich beide darüber einig sind, können Sie loslegen – langsam, aber regelmäßig!
Stellen Sie sich vor, daß Lesenlernen wie ein Umzug in ein neues Haus ist. Einige Räume kann man sofort möblieren, andere müssen erst renoviert werden. Auch hält man Ausschau nach schönen Stücken für das neue Heim. Ähnlich ist

es beim Lesen. Kinder mögen einige Fähigkeiten haben, die sie bereits nutzen können, andere müssen sie sich ganz neu aneignen, und einige brauchen sie erst dann zu lernen, wenn sie sie benötigen. Eine Wohnungseinrichtung ist eine Angelegenheit persönlicher Vorlieben, und ebenso verhält es sich mit dem Lesenlernen.

Da das Lernverhalten sehr unterschiedlich ist, müssen Sie sich unbedingt vergegenwärtigen, daß ein Kind auf vielfältige Weise lesen lernt. Indem Sie Ihrem Kind verschiedene Wege anbieten, können Sie herausfinden, welcher am besten funktioniert. Machen Sie sich keine Gedanken, wenn Ihr Kind die eine oder andere Methode ablehnt – es gibt immer eine, die zu ihm paßt.

6.2 Wege zum erfolgreichen Lesen

6.2.1 ... durch Schreiben

Der fünfjährige Tim zeigte keinerlei Interesse am Lesen oder Schreiben. Doch eines Tages entdeckte er ein Spielzeug, in dem Blasen aufstiegen, wenn er es auf den Kopf stellte. Tim versuchte, das Spielzeug zu beschreiben, mit einem Vokabular, dessen Niveau über seinen üblichen Wortschatz hinausging. Er wollte sich darüber unterhalten und freute sich über die Wörter der anderen. Er war hingerissen und wollte nun seine Aktivitäten mit dem Spielzeug schriftlich festhalten. Tim zeichnete Kreise, die die Blasen darstellen sollten, und malte sie bunt aus. Auf diese Art begann Tim mit dem Lernen von Buchstaben, die Kreise beinhalteten.

Lange Zeit konnte Tim Buchstaben nur dann erkennen, wenn er sie selbst malte. Doch nach und nach faßte er mehr Vertrauen auch ins Lesen von Buchstaben, die er woanders sah. Er zeigte solange kein Interesse am Lesenlernen, bis er selbst Buchstaben schreiben konnte.

6.2.2 ... durch Unterhaltung

Reden Sie mit Ihrem Kind. Je mehr wir mit Kindern reden, desto eher werden sie die Funktion der Sprache verstehen und desto leichter werden sie begreifen, was sie lesen. Wenn Kinder entdecken, daß das Gelesene dem Gesagten entsprechen kann, wird sich ihre Leseleistung rapide verbessern.

6.2.3 ... durch Hinweisschilder

Aufschriften und Hinweisschilder entdeckt man überall. Wenn Sie mit Ihrem Kind unterwegs sind, kann es allmählich Wörter lernen, die es ständig wiedererkennt, wie »Bus«, »Straße«, »drücken«, »ziehen«, »geöffnet«, »geschlossen«.

Zuhause kann man für jede Zimmertür oder jeden persönlichen Gegenstand ein Schildchen machen wie »Nataschas Federmäppchen«.

Mit solchen Schildchen kann man auch spielen, indem man auf Zetteln verschiedene Verben schreibt wie »gehen«, »kommen«, »hüpfen« oder »sitzen« sowie auf einen extra Zettel den Namen des Kindes. Wenn Sie nun den Zettel mit dem Namen zusammen mit einem Zettel eines Verbs hochhalten, muß das Kind das machen, was darauf steht, wie beispielsweise »Karina« und »hüpfen«. Auf diese Weise lernt das Kind zusammenhängende Wörter.

6.2.4 ... durch Laute

Die siebenjährige Marion machte beim Lesen keine Fortschritte. Sie konnte keine zusammenhängenden Wörter entziffern. Erst als sie schließlich die Laute der Buchstaben gelernt hatte, verstand sie plötzlich, wie man ganze Wörter liest. Sie sprach die Buchstaben »h«, »u« und »t« laut aus, setzte sie zusammen und hatte schließlich das Wort »Hut«.

Es dauerte einige Monate, bis sie auch zusammengesetzte Buchstaben richtig lesen konnte, wie »sch« oder »ch«. Doch in dieser Zeit erweiterte sie ihre Lesefähigkeit auch auf längere Wörter wie »rennen«, sofern sie sie laut buchstabieren konnte.

6.2.5 ... durch eigenen Wunsch

Es kommt vor, daß Kinder unbedingt lesen lernen wollen, sodaß sie sogar nachhaken, wenn sie ein Wort nicht verstehen. An der Frage »Was sagt dieses Wort?« können Sie erkennen, ob Sie eine hungrige Leseratte im Haus haben.

6.2.6 ... durch Entdeckerlust

Kinder, die auf diese Weise lernen, werden Ähnlichkeiten zwischen Wörtern feststellen. Wenn sie ein Wort kennen, werden sie nach diesem Wort überall suchen. Sie listen ähnliche Wörter auf, solche mit gleicher Buchstabenzahl usw. Denken Sie daran, daß Ihr Kind dann lernt, wenn auch Sie gleichzeitig lernen. Durch Beobachten der Lernmethoden Ihres Kindes – was regt oder treibt Ihr Kind an, weswegen will es aufgeben? – werden auch Sie lernen, wie Sie ihm helfen können.

6.3 Lesen lernen leicht gemacht

Schauen wir uns den typischen Text aus einem Lesebuch an.

> »Jennifer saß am Fenster und starrte in den Regen. Sie hörte ihre Mutter und ihren Bruder Andy wie üblich in der Küche streiten. Mama wollte, daß sie beide mit ihr den Nachbarn, Herrn Braun, im Krankenhaus besuchten. Er hatte sich das Bein gebrochen, als er über Jennifers Fahrrad gestolpert war. Sie fühlte sich ganz elend, wenn sie an den Unfall dachte, und wünschte, sie hätte das Fahrrad ordentlich in der Garage untergestellt. Mama sagte ihnen immer, sie sollten aufräumen. Von jetzt an, dachte Jennifer, würde sie nie mehr etwas am falschen Platz herumliegen lassen.«

Das Lesen dieses Textes kann man erleichtern, indem man die folgenden Textteile herauslöst:

- **Sätze** – wieviele gibt es?
- **Namen** – welche tauchen auf und wie oft?

- **Wörter** – die mindestens zwei Buchstaben in der gleichen Reihenfolge aufweisen; hier sind das z. B.

  üblich   Mutter   sollten   Regen
  ordentlich   Fenster   streiten   herumliegen

- **Wörter** – die die gleiche Anzahl an Buchstaben haben:

2	3	4	5	6	7	8
am	saß	ihre	Regen	Mutter	Fenster	streiten
in	und	über	hörte	Bruder	Fahrrad	Nachbarn

- **Wortfolgen** – wenn zwei Wörter in der gleichen Reihenfolge aufeinanderfolgen:

  in der Küche   in der Garage

- **Wörter mit Umlauten** – alle Wörter mit Doppelpunkten:

  hörte   üblich   über   fühlte   wünschte   würde
  Küche   aufräumen

- **Wörter mit Doppelkonsonanten** –

  Jennifer   starrte   Mutter   wollte   hatte   wollte

- **Wörter, die auf »-te« und »-en« enden** –

  starrte   hörte   wollte   hatte   wollte
  Regen   streiten   besuchen   gebrochen   ihnen

- **Wörter mit zwei Vokalen hintereinander** –

  beide   Braun   Bein   aufräumen   herumliegen

Besprechen Sie kurz, ob die beiden Vokale ausgesprochen werden, wie in »Bein«, oder ob einer der Vokale stumm bleibt, wie in »herumliegen«.

- **Wörter mit bestimmten Buchstaben** – wie »a« oder »k«

  saß   starrte   Küche   Krankenhaus

Die folgenden Wörter sind schwierig zu lesen, deshalb ist es sinnvoll, sie auszusortieren:

- **Substantive und Eigennamen**

Jennifer	Fenster	Regen	Fahrrad
Garage	Mutter	Unfall	Krankenhaus

- **Verben** – Wörter, die ein Tun bezeichnen

  saß   streiten   besuchen   untergestellt   aufräumen

- **Adjektive** – Wörter, die Eigenschaften bezeichnen

  falschen

- **Stumme Buchstaben** – Wörter mit Buchstaben, die nicht ausgesprochen werden
  Fa<u>h</u>rrad
- **Wörter, die Ihr Kind nicht entziffern kann,** obwohl sie mehrere Hinweise und Hilfestellungen gegeben haben

Geht man auf diese Art vor, kann man den Beispieltext einfacher lesen, da er in viele kleine Teile zerteilt ist (Dekonstruktion).

Ihr Kind wird sich nun in der Lage fühlen, selbständig Sätze zu bilden, indem es einige der gefundenen Wörter benutzt und die Sätze vorliest (Rekonstruktion).

6.4 Hilfestellung Schritt für Schritt

Kinder, die wissen, daß sie bei Bedarf Unterstützung erhalten, werden sich mehr zutrauen. Kinder hingegen, die vernachlässigt sind oder gezwungen werden zu rennen, noch bevor sie laufen können, und dazu noch ohne Hilfestellung, werden ängstlich, aggressiv, unsicher oder ziehen sich zurück.

Sie helfen Ihrem Kind dann am besten, wenn Sie ihm unmittelbare Hilfestellung geben, wenn es diese tatsächlich braucht.

Unmittelbare Hilfestellung bedeutet, daß Sie und Ihr Kind sich zur gleichen Zeit auf den gleichen Teil einer Tätigkeit konzentrieren. Wenn Sie beispielsweise einen Leseabschnitt wie oben beschrieben zerlegen, sollten Sie beide die Wörter aufschreiben. Schreibt Ihr Kind eine Wörterliste, sollten Sie es beobachten und bei Bedarf eingreifen.

Sie können Ihrem Kind zeigen, daß sich die Mühe lohnt und ihm zu seinen Fortschritten gratulieren.

Der Sinn direkter Hilfestellung liegt darin, daß Sie Ihrem Kind einen sicheren Raum bieten, in dem es Schritt für Schritt wachsen kann, um schließlich immer unabhängiger zu werden.

- Setzen Sie sich dicht neben Ihr Kind, damit Sie beide das gleiche sehen. Lassen Sie beispielsweise Ihr Kind auf Ihren Knien sitzen, neben Ihnen auf dem Sofa oder am Tisch.
- Hören Sie allem, was Ihr Kind liest, aufmerksam zu und versuchen Sie, jedem Fehler nachzugehen. Ihr Kind kann zum Beispiel ein Wort nach dem zugehörigen Bild nur erraten haben, die Form eines Buchstabens verwechseln oder eine bestimmte Buchstabenkombination nicht kennen (wie »sch« in »Schlitten«).
- Legen Sie sich Bleistift und Papier zurecht, damit Sie bei jedem auftauchenden Fehler unterbrechen und Ihrem Kind zeigen können, wie ein Wort in seine Bestandteile zerlegt werden kann, wie beispielsweise »indem«, das aus »in« und »dem« besteht.
- Vergessen Sie nicht, Ihr Kind zwischendurch immer zu loben.
- Tauschen Sie sich mit Ihrem Kind darüber aus, was es seiner und Ihrer Meinung nach gelernt hat – und notieren Sie es sich.
- Machen Sie eine Pause, wenn Ihr Kind sein Selbstvertrauen verliert oder ermüdet.

6.5 Komplexe Sätze

Kinder müssen ermutigt werden, ihre bisherigen Lesefähigkeiten auszubauen und nicht selbstzufrieden zu werden, wenn sie Fortschritte machen sollen.

Um ihr geistiges Potential beim Lesen voll zu entfalten, müssen Kinder die Fähigkeit lernen, einfache Sachverhalte in komplexen Sätzen auszudrücken.

- Die Katze saß auf dem Boden.
- Die Katze hat sich auf den Boden gelegt.
- Die graue, flauschige Katze hat sich auf den Boden gelegt.
- Die graue, flauschige Katze räkelte sich auf dem Teppich.
- Auf dem Perserteppich räkelte sich eine Himalaja-Katze.
- Wooster, der Mäuseschreck aus dem Himalaja, räkelte sich träge auf dem kostbaren Perserteppich.
- Der arrogante Mäuseschreck aus dem Himalaja, den seine menschliche Familie, die ihn abgöttisch liebte, »Wooster« nannte, räkelte sich träge auf dem einzigartigen und kostbaren Perserteppich. Er träumte von seinem letzten Beutezug zur Einkaufstasche, aus der er die Langusten stibitzt hatte.

6.5.1 Wie man mit komplexen Sätzen in Zeitungen und Zeitschriften umgeht

Suchen Sie sich ein Thema, das Ihr Kind interessiert, und fordern Sie es dann auf, einen entsprechenden Artikel in der Zeitung herauszusuchen. Beginnen Sie mit einem bestimmten Satz, den Sie beide abwechselnd lesen.

Wenn Ihr Kind etwas nicht versteht, nehmen Sie sich die Vorschläge im Abschnitt »Wie man mit komplexen Sätzen in Schulbüchern umgeht« (siehe Seite 130f) vor.

Zeitungen sind deswegen wichtig, weil sie anders als Fernsehen und Radio tagesaktuelle Ereignisse melden, die Sie mehrmals nachvollziehen können. Tageszeitungen werden das Verständnis Ihres Kindes für das Weltgeschehen und für lokale Angelegenheiten fördern. Zudem vermitteln sie Ihrem Kind die Erfahrung, daß man die Dinge unterschiedlich beschreiben kann. Hinzu kommt, daß in Tageszeitungen jene Wörter kreiert oder vorgestellt werden, die alsbald zum Allgemeingut gehören.

6.5.2 Wie man mit komplexen Sätzen in Lesebüchern umgeht

Ein Lesebuch soll
- fesseln,
- nachdenklich machen,
- Mitgefühl wecken,

- Einfühlungsvermögen für Menschen hervorrufen, die anders sind als man selbst,
- Sprachgefühl und somit auch Denken entwickeln.

Am besten lesen Sie mit Ihrem Kind ein Lesebuch gemeinsam und erforschen dabei die Wörter und Gedanken. Sie müssen keineswegs das ganze Buch auf diese Weise lesen, da Ihr Kind ohnehin nach seinem eigenen Tempo lesen wird. Wenn man sich die Zeit nimmt, um sich gelegentlich gegenseitig vorzulesen, hat man den größten Nutzen. Selbst wenn Ihr Kind bereits auf eine weiterführende Schule geht, trägt lautes Vorlesen dazu bei, Verständnis und Begeisterung zu entwickeln.

6.5.3 Wie man mit komplexen Sätzen in Schulbüchern umgeht

Um Schulbücher zu nutzen, müssen Kinder Fachausdrücke und ihre Bedeutungen kennen, auch wenn es sich um vermeintlich einfache Wörter handelt, die den Kindern bekannt vorkommen.

> Der römische Zenturio trug eine Fackel.
> Der Friedensvertrag wurde in Paris unterzeichnet.
> Willy Brandt war ein bedeutender Politiker.

Kinder bringen oft Personen durcheinander, die den gleichen Namen tragen. Manche überrascht es, daß es zwei Frauen gibt, die »Madonna« genannt werden, den Popstar und die Muttergottes. Einige meinen, daß Nelson Mandela die Schlacht von Trafalgar gewonnen habe und nicht Lord Nelson.

Wenn ein Satz in einem Schulbuch kursiv oder fett gedruckt ist, weist das darauf hin, daß die Erklärung des Wortes im Anhang des Buches (Glossar) zu finden ist. Falls nicht, kann man über das Register die Stelle finden, wo das betreffende Wort im Kontext aufscheint.

Einen Satz gemeinsam durchzugehen kann ebenfalls helfen, die neuen Information zu verwerten und einzuordnen. Lesen Sie den betreffenden Satz mehrmals durch, und verändern Sie die Bedeutung bestimmter Wörter, um so schließlich die Bedeutung einzukreisen.

Sie können auch für jedes Wort Ihre jeweils eigenen Interpretationen aufschreiben. Ihr Kind lernt dadurch, daß es oft mehrere Bedeutungen für den gleichen Ausdruck gibt.

Denken Sie daran, daß ein Text geschrieben wurde, um Informationen zu übermitteln. Es ist jedoch nicht die einzige Informationsquelle, sondern nur eine von vielen.

Selbst Erwachsene finden es manchmal einfacher, zu einem bestimmten Thema erst einmal eine Zeitschrift anzuschauen, um später weitere Informationen zu sammeln.

6.5.4 Wie man sich komplexe Sätze vornimmt

Zeichensetzung: Stopp, Start und weiter!

Wenn Ihr Kind einen komplizierten Satz nicht versteht, schauen Sie sich zunächst die Zeichensetzung an. Oft wird die Bedeutung eines Satzes klar, wenn man bei einem Komma, einem Strichpunkt oder einem Doppelpunkt eine Sprechpause macht.

Ein unbekanntes Wort nachschlagen:

Wörterbücher und Lexika

Wenn wir ein Wort, das wir nicht kennen, im Wörterbuch nachschlagen, kann die Erläuterung dazu beitragen, den ganzen Satz zu verstehen. Ein Wörterbuch vermittelt die volle Bedeutung eines Wortes.

Was drückt der Satz tatsächlich aus? – Der Kontext

In welchem Zusammenhang steht der Satz? Worum handelte es sich im vorhergehenden Satz? Gibt dieser einen Hinweis auf den nachfolgenden Satz?

Wörter in Bilder übertragen

Wenn ein Wortbild geschaffen wurde, bitten Sie Ihr Kind, ein entsprechendes Bild zu malen. »In dieser Straße gab es 13 Häuser, sechs auf der einen Seite und sieben auf der anderen. Auf dem freien Platz war ein Spielplatz.«

Wörter in Tätigkeiten übertragen

Wenn eine Tätigkeit oder eine Haltung beschrieben wurde, bitten Sie Ihr Kind, das darzustellen. »Er saß mit seinem Hut in der Hand da und sah unglücklich aus.«

Darüber reden
Enträtseln Sie Sätze, die sich weder zum Darstellen noch zum Aufmalen eignen, durch eine Diskussion über ihre Bedeutung und Hintergründe.

Wie man zur Leseratte wird

Was man zu Beginn zu beachten hat:

- das Buch richtig herum in der Hand halten
- die Seiten sorgfältig umblättern
- die Bilder betrachten und der Geschichte lauschen
- hinten und vorne bei einem Buch unterscheiden
- von links nach rechts lesen
- von oben nach unten lesen
- die Herkunft der Geschichte kennen – das Gekritzel ist das, was Papa liest
- auswählen können
- Bücher für eine Freude halten
- wissen, daß ein Buch aus aufgeschriebenen Gedanken besteht

Was Ihr Kind weiterlesen läßt:

- die Kenntnis der Laute und Namen der Buchstaben
- die Kenntnis des Alphabets (siehe 5. Kapitel »Wie man das ABC unterrichtet«)
- die Kenntnis, wie man die Laute der Buchstaben zu einem ganzen Wort verbindet
- das Wissen, daß Wörter nicht immer das aussagen, was man erwartet
- das Wissen, daß das Geschriebene einen Sinn ergibt
- die Kenntnis, wie man das Buch selbst findet
- das Wissen, wie man Sätze bildet, damit andere die eigenen Gedanken verstehen
- und schließlich: siehe »Das ABC des erfolgreichen Lesens« zu Beginn dieses Kapitels

Wie Ihr Kind zur leidenschaftlichen Leseratte wird:

- Es weiß, wie man einem Buch Informationen entnimmt.
- Es kann Register, Inhaltsangabe und Glossar benutzen.
- Es kann zwischen Wichtigem und Nachrangigem unterscheiden.
- Es kann Illustrationen, Diagramme und Tabellen lesen.
- Es kann über Fragen nachdenken, die einem bei der Suche nach der benötigten Information weiterhelfen.
- Es erinnert sich an seine Vorlieben, und ist so in der Lage, sie das nächste Mal zu bekommen.
- Es weiß, daß Autoren unterschiedliche Stile haben.
- Es weiß, daß es in der Lage ist, das Geschriebene in den Griff zu bekommen, auch wenn es etwas länger dauert.
- Es weiß, warum man Bücher mag.

6.6 Häufig auftauchende Probleme überwinden

6.6.1 Der Junge, der es nicht einmal versuchte

Der elfjährige David war gerade in eine weiterführende Schule gekommen. Seine Lesefähigkeiten waren beunruhigend und ärgerlich, da er noch nicht einmal kurze Wörter richtig entziffern konnte. David war der Meinung, daß es sowieso keinen Zweck hatte, es zu versuchen.

Einem Kind, das zwar einige Wörter lesen kann, es aber partout nicht tun mag, kann auf folgende Art und Weise geholfen werden:

1. Fordern Sie es auf, den ersten Satz zu betrachten, und schreiben Sie dann alle Wörter auf, die es nicht entziffern kann.

2. Helfen Sie ihm beim Lesen dieser Wörter – teilen Sie sie in kleinere Teile und suchen Sie nach zwei zusammenhängenden Buchstaben, die einen Laut ergeben.
3. Lassen Sie es nun den ganzen Satz lesen.
4. Die gleiche Methode kann Ihr Kind auch beim zweiten Satz anwenden.
5. Lassen Sie es die ersten beiden Sätze nochmals lesen und machen Sie dann mit den beiden nächsten Sätzen weiter.
6. Sobald es nicht mehr weitermachen will, lassen Sie es den nachfolgenden Satz auf die gleiche Weise betrachten wie den ersten.

6.6.2 Der Junge, der glaubte, in einer Minute lesen lernen zu können

Der siebenjährige Ralf war der beste Fußballspieler der Klasse, aber lesen konnte er nicht. Er konnte das kaum verstehen, da er ansonsten in allen anderen Fächern glänzte. Jede Unterrichtsstunde im Lesen begann er mit großem Optimismus. Doch sobald er einen Fehler machte, wurde er auf sich selbst wütend.

Wenn Ihr Kind sein Selbstvertrauen verliert, können Sie folgendes tun:
1. Entscheiden Sie gemeinsam, woran Sie arbeiten wollen, zum Beispiel mit Wörtern aus zwei Buchstaben, und nehmen Sie dann einen Satz heraus, in dem zumindest eines dieser Wörter auftaucht.
2. Ihr Kind kann sich ein Wort aussuchen, das im Buch wiederholt auftaucht, beispielsweise den Namen einer Figur. Dann soll es die Sätze finden, in denen das Wort vorkommt.
3. Ihr Kind wird daraufhin auch die Wörter aus zwei Buchstaben in dem Satz entdecken und sie lesen.
4. Ihr Kind hat nun einen Anhaltspunkt, um den ganzen Satz zu lesen.

Dieser kleine Mensch, der so streng mit sich selbst ist, wird Sie ganz schön anstrengen. Doch denken Sie daran, daß Sie die Eltern sind und wissen, daß Ihr Kind es schaffen wird.

6.6.3 Das Mädchen, das unsinnige Fehler machte

Die selbstbewußte Corinna konnte fließend lesen, doch nichts, was sie las, ergab einen Sinn, da sie Buchstaben oder ganze Wörter ausließ. Sie hielt sich für eine gute Leserin, da ihre Lehrer sie nicht unterbrachen. So arbeitete sie sich durch zahllose Seiten und vertiefte sich in die schwierigsten Bücher ihrer Altersstufe.

Wie Sie Ihrem Kind helfen können, wenn es nachlässig liest:

1. Sie müssen die Fähigkeit Ihres Kindes fördern, alle Teile eines Satzes zu sehen und zu begreifen, daß das Gelesene auch einen Sinn ergeben muß.

2. Lassen Sie Ihr Kind vorlesen und, sobald es einen Fehler macht, nochmals von vorne anfangen. Das kann sogar Spaß machen, da Ihr Kind es immer wieder versucht und jedes Mal einen Schritt weiter kommt.

Das Beispiel zeigt auch, daß Qualität der Quantität vorzuziehen ist!

6.6.4 Der Junge, der zu ängstlich zum Lesen war

Sascha schreckte vor einem Buch zurück, als wäre es eine Zeitbombe. Er fürchtete sich davor, es nicht schaffen zu können. Er brummelte vor sich hin und schlug verzweifelt um sich.

Wenn Ihr Kind Angst vor dem Lesen hat, können Sie folgendes tun:

• Probieren Sie einige der Vorschläge im Abschnitt »Lesen lernen leicht gemacht« von Seite 125f. Auf diese Art kann dem Kind die Angst genommen und Neugier und Herausforderung geweckt werden.

6.6.5 Das Mädchen im Glashaus

Lara konnte lesen, und zwar recht gut, aber niemand bemerkte es. Sie war ein wohlerzogenes Mädchen, das lediglich die Bücher annahm, die man ihm gab. Sie konnte sie problemlos lesen und glaubte, daß ihr Lehrer schon wisse, was gut für sie sei. Sie lernte nicht weiter, und es bestand die Gefahr, daß sie ihr Lesepotential niemals ausschöpfen könnte.

In einem solchen Fall können Sie folgendes tun:
- Geben Sie dem Kind einige schwierigere Sachen zu lesen. Achten Sie auf jeden Fehler, den es macht, und zeigen Sie ihm, wie es damit klarkommen kann. Probieren Sie einige Vorschläge aus dem Abschnitt »Lesen lernen leicht gemacht« von Seite 125f.

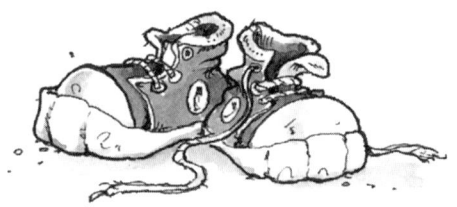

7 Clevere Kids können schreiben

Kinder können durch Schreiben mit anderen Menschen direkt kommunizieren und sind dadurch nicht von anderen abhängig. Sie können allen Leuten Briefe schreiben, vom Nachbarsjungen, der fortgezogen ist, bis zum Bundespräsidenten. Sie können wahre Geschichten schreiben oder ganz neue Welten schaffen. Sie können ihr Leben durch Listen, Aufkleber und Pläne organisieren.

Wenn Kinder die Buchstaben des Alphabets schreiben lernen, können sie auch bald ihre Gedanken aufzeichnen.

Die fünf Elemente des Schreibens unserer Gedanken

Linien – die Linien, aus denen Buchstaben bestehen, die unsere Gedanken in Worte fassen

Buchstaben – die Buchstaben, die zu Worten werden, die unsere Gedanken beschreiben

Bezeichnungen – die Bezeichnungen, die Dinge beschreiben, die in unseren Gedanken auftauchen

Listen – die Listen, die man braucht, um die Dinge in den Gedanken zu ordnen

Briefe – die Briefe, die man schreibt, um anderen seine Gedanken mitzuteilen

»Liebe Oma, vielen Dank für das Buch.«
Schauen Sie sich diesen Satz an und überlegen Sie, was der Schreiber wissen muß, um ihn ohne Hilfestellung schreiben zu können. In einer Elterngruppe stellten wir genau diese Frage. Ein Vater schrieb: »Ein Kind sollte wissen, wie man einen Stift benutzt, um damit Buchstaben auf das Papier zu schreiben. Dann muß es dazu in der Lage sein, die Buchstaben zu Wörtern zu verbinden.«

Eine Mutter schrieb: »Ein Kind sollte wissen, worüber es schreibt, sonst könnte es die falschen Wörter benutzen.«

Eine andere schrieb: »Das Kind muß wissen, wie man buchstabiert, ansonsten wäre niemand in der Lage, den Brief zu verstehen.«

Alle waren sich darin einig, daß Kinder, die wissen, daß die Schrift geschriebene Sprache ist, auch eine Vorstellung davon haben, was sie schreiben könnten. Schließlich wunderten sich die Eltern darüber, wieviel die Kinder eigentlich wissen müssen, um einen schlichten Brief zu schreiben.

Sie waren überrascht, als wir ihnen sagten, daß man so früh mit dem Schreiben beginnen kann, wie man will.

Wir machten ihnen klar, daß Kinder – so wie sie Bücher zum Spielen erhalten, noch bevor sie lesen können – auch zu »Autoren« werden können, lange bevor sie »schreiben« können.

Dabei müssen die Kinder die Buchstaben nicht alle allein malen, Sie können sie dazu anleiten. Nehmen Sie die Hand Ihres Kindes in die Ihre und helfen Sie ihm notfalls, den Stift zu halten oder die Buchstaben zu malen. Ein Kind, das ein »o« schreiben kann – mit oder ohne Hilfe –, kann die »Os« in ein Wort wie »Boot« einfügen, wenn Sie den Rest schreiben. Ihr Kind wird begeistert über sein Können sein und darauf brennen, mehr zu lernen.

Kinder, die auf diese Weise beim Lernen unterstützt werden, werden sich selbst für clevere Kids halten. In diesem Anfangsstadium können Sie auch noch folgendes tun:

- Schreiben Sie einen ganzen Satz und lassen Sie Ihr Kind die Wörter nachziehen.
- Schreiben Sie den ganzen Satz und lassen Sie ihn Ihr Kind abschreiben.
- Schreiben Sie alle Wörter, die Ihr Kind in den Satz packen will, in zufälliger Reihenfolge auf ein Schmierpapier und lassen Sie es die Wörter der Reihe nach abschreiben.
- Schreiben Sie die Wörter auf und lassen Sie Ihr Kind sie in ein Vokabelheft abschreiben, das dann zur Bildung ganzer Sätze benutzt werden kann.

Ihr Kind sollte den ersten Versuch stets als Entwurf betrachten, nicht als Endprodukt.

Das sind die technischen Fähigkeiten, die Ihr Kind zum Schreiben braucht. Sie werden immer ausgefeilter, je weiter es fortschreitet. Die Grundlagen bestehen darin, Buchstaben zu malen, aus ihnen Wörter zu bilden und aus Wörtern Sätze zu formen.

7.1 Wie man mit dem Schreiben anfängt

7.1.1 Wie ein Wort zum nächsten führt – und schon hat man einen Satz.

Fragen zu stellen, ist eine hervorragende Art, ein Kind zum Schreiben zu bewegen. Geeignet sind Fragen, die mit »was«, »wem«, »warum«, »wo«, »wann« und »wie« beginnen.

Frage: **Was** schreibst du da gerade?
Kind: Einen Brief.

Frage: **Wem** schreibst du?
Kind: Der Oma.

Frage: **Warum** willst du Oma schreiben?
Kind: Um mich für das Buch zu bedanken.

Frage: Weißt du, **wo** Oma das Buch besorgt hat?
Kind: Nein, aber es stand auf meinem Wunschzettel zum Geburtstag.

Frage: **Wann** hast du dir das Buch angeschaut?
Kind: Papa hat es mir gestern abend vorgelesen.

Frage: **Wie** wirst du Oma den Brief schreiben?
Kind: Ich will ihr sagen: »Liebe Oma, vielen Dank für das Buch«.

Weiterführende Gespräche geben dem Kind eine gute Ausgangsposition, um seine Schreibkenntnisse auszubauen, da das Schreiben selbst immer leichter funktioniert. Ihr Kind erlernt allmählich die Technik, wie Sätze interessant und informativ gestaltet werden können.

7.1.2 Lebendige Schilderungen geben

Wenn Ihr Kind erst einmal Sätze bilden kann, wird es auch Geschichten schreiben können. Ein guter Geschichtenerzähler würzt die reinen Fakten seiner Geschichte mit lebhaften Schilderungen.

Um das Kind zum lebendigen Schildern zu ermuntern, kann man sich einen einfachen Gegenstand vornehmen, zum Beispiel eine Orange. Lassen Sie Ihr Kind seine Sinne benutzen, um eine Orange zu beschreiben.

Frage: Was **siehst** du hier?
Kind: Ich sehe eine Orange.

Frage: Wie **fühlt** sie sich an?
Kind: Sie fühlt sich weich und kühl an.

Frage: Wonach **riecht** sie?
Kind: Sie riecht würzig.

Frage: Macht sie ein **Geräusch**?
Kind: Ja, wenn ich dagegen klopfe.

Frage: Wie wird sie wohl **schmecken**?
Kind: Eklig, ich hasse Orangen.

Gehen Sie nun einen Schritt weiter, um andere Eindrücke zu erhalten. Benutzen Sie wieder die W-Fragen: »was«, »warum«, »wer«, »wie«, »wann«.

Frage: **Was** ist das für eine Orange?
Kind: Es ist eine dicke Navelorange.

Frage: **Wo** kommt sie her?
Kind: Wir haben sie im Supermarkt gekauft.

Frage: **Wann** haben wir sie gekauft?
Kind: Gestern auf dem Heimweg von der Schule.

Frage: **Wie** können wir sie verwenden?
Kind: Essen will ich sie nicht, aber wir können
       mit ihr Ball spielen.

Frage: Für **wen** haben wir sie gekauft?
Kind: Für Oma, weil sie sie mag.

Frage: **Warum** gehen wir für Oma einkaufen?
Kind: Weil sie arbeiten muß.

Mit all diesen Informationen im Kopf kann sich Ihr Kind nun einen Titel für eine Geschichte über die Orange ausdenken, wie:

Unser Einkaufsbummel
Einkaufen für Oma
Ein Tag im Leben einer Orange
Mein Orangenball

Durch Fragen wird Ihr Kind angeregt, über verschiedene Möglichkeiten nachzudenken. Ebensowenig, wie Sie von Ihrem Kind erwarten können, daß es Wörter ohne Buchstaben schreibt, können Sie verlangen, daß es Geschichten ohne Schilderungen schreibt.

Bevor Kinder anfangen, Geschichten mit Schilderungen zu schreiben, können sie vielleicht Sätze formulieren wie: »Wir sind einkaufen gegangen.«

Wenn Sie entsprechende Fragen stellen, kann der Satz folgendermaßen erweitert werden: »Mama und ich sind gestern auf dem Heimweg von der Schule einkaufen gegangen.« Oder er kann auch lauten: »Gestern sind wir im Supermarkt einkaufen gewesen und haben für Oma Orangen gekauft.«

Nicht nur Dinge müssen beschrieben werden. Manche Themen verlangen auch, über Gefühle zu schreiben.

Warum schreibst du das?

Kinder lernen zu verstehen, was sie schreiben, wenn sie den ersten Satz in einem Buch, einem Artikel oder einem Comic betrachten und dann über die Fragen nachdenken, die ihnen in den Sinn kommen.

»Ich werde es dem Direktor erzählen«, sagte sie.

1. Was will sie ihm erzählen?
2. Wem sagt sie das?
3. Was ist passiert?
4. Warum glaubt sie, daß es den Direktor interessiert?
5. Was erwartet sie vom Direktor?
6. Auf welche Schule geht sie?
7. Wer ist sie?
8. Wie alt ist sie?

Man kann sich auch einen Satz vornehmen, der auf den ersten Blick ziemlich einfach aussieht.

»Es hat geregnet.«

1. Ist es schlimm, daß es regnete?
2. War jemand dort?
3. Wo war der- oder diejenige?
4. In welchem Land?
5. Handelt es sich um eine Stadt?
6. Hat es lange geregnet?
7. In welcher Jahreszeit war es?
8. Wird der Regen aufhören?
9. In welchem Jahr spielt die Geschichte?

Zum Lesen eignet sich diese Technik hervorragend. Lesen Sie den ersten Satz: Welche Fragen kommen Ihnen in den Sinn? Lesen Sie weiter und schauen Sie, ob die Fragen beantwortet werden.

7.1.3 Schreiben ist langweilig. Ich hasse es.

Wenn Ihrem Kind nichts einfällt, was es schreiben könnte, geben Sie nicht auf. Aber gehen Sie es auch nicht zu direkt und fordernd an. Unterhalten Sie sich einfach mit Ihrem Kind und schreiben Sie das Gespräch auf.

Frage: Sag mir, wie du dich fühlst.
Kind: Es ist langweilig.
Frage: Was ist langweilig?
Kind: Geschichten schreiben ist langweilig.
Frage: Wer meint, daß Geschichten schreiben langweilig ist?
Kind: Ich meine, daß Geschichten schreiben langweilig ist.
Frage: Warum ist es langweilig?
Kind: Weil ich es nicht kann.
Frage: Na komm, ich helfe dir. Was ist nicht so langweilig
wie Geschichten schreiben?
Kind: Fernsehen ist nicht so langweilig wie Geschichten
schreiben, weil ich die Sendung auswählen kann.
Frage: Erzähle mir, warum du deine Lieblingssendung magst.
Mal sehen, ob dir irgendein Satz einfällt, der etwas über
diese Fernsehsendung sagt.

7.1.4 Ein Gefühl für das Schreiben

Kinder haben tiefe Gefühle, die sie nur schwer ausdrücken können. Das liegt unter anderem daran, daß Kinder die Wörter nicht kennen, die ihre Gefühle beschreiben. Es mag aber auch daran liegen, daß Kinder weder Zeit noch Raum haben, das »Warum und Woher« ihrer Welt zu erforschen. Aber auch wenn Zeit und Raum da sind, ist das Kind vielleicht von anderen Dingen zu sehr in Anspruch genommen.

Beispielsweise fiel einmal eine Freundin von einer Leiter, und ihre beiden sechs- und siebenjährigen Kinder glaubten, daß das so ziemlich das Komischste sei, was ihrer Mutter jemals passiert ist. Sie bat sie inständig, jemanden zu Hilfe zu holen, doch es dauerte einige Minuten, bis sie aufhören konnten zu lachen und ihr zuhörten. Es waren keineswegs anormale Kinder, da sie ansonsten lieb, fürsorglich und hilfsbereit ihrer Mutter gegenüber waren, besonders wenn sie Kopfschmerzen hatte.

Diese Unfähigkeit, in jeder Situation die angemessenen Gefühle zu zeigen, verschwindet keineswegs, wenn man älter wird. Jedoch sind Wörter, die Gefühle ausdrücken, für jeden ein Gewinn, da sie die Kommunikation bereichern. Das Zusammentragen von »Fühlwörtern«, für jeden Buchstaben des Alphabets eines, ist ein spannendes Spiel, da es zahlreiche Möglichkeiten eröffnet, über unterschiedliche Gefühle zu reden.

abscheulich	**m**ißmutig
beunruhigt	**n**ervös
cholerisch	**o**ptimistisch
deprimiert	**p**rima
eifersüchtig	**q**uengelig
freundlich	**r**uhig
glücklich	**s**tolz
heiter	**t**raurig
irrsinnig	**u**ngezogen
jämmerlich	**v**erlegen
kläglich	**w**ütend
liebevoll	**z**ornig

Diese Wörter können Sie nun in Sätzen verwenden.

Ich war beim Einkaufen quengelig.
Gestern war ich stolz, weil wir für Oma im Supermarkt Orangen gekauft haben.
Ich war wütend und mißmutig, als Mama sagte, daß wir in den Supermarkt gehen müßten, bis mir klar wurde, daß wir für Oma Orangen kaufen wollten.

Durch Erweiterung des Wortschatzes Ihres Kindes ermöglichen Sie es ihm, Ereignisse und Gefühle genauer zu beschreiben. Ihr Kind wird beim Schreiben nicht nur auf einige wenige Ausdrücke beschränkt bleiben.

Manchmal bleiben Kinder an Wörtern wie »mögen«, »hassen«, »nett«, »gut« und »langweilig« hängen, um damit alles zu beschreiben. Das Essen war nett, der Pulli ist nett, die bevorzugte Fernsehsendung ist nett, die Geburtstagsparty war nett, die Woche in Disneyland war nett, der Hamster ist nett und die kleine Schwester auch.

Ein größerer Wortschatz verhilft dem Kind, über dieses Stadium hinwegzukommen.

7.2 Wörter, Wörter und noch mehr Wörter

7.2.1 So viele Möglichkeiten

Um Ihr Kind zum Benutzen einer breiteren Palette von Wörtern anzuregen, ist ein Synonymlexikon sehr hilfreich.

1. Nehmen Sie einen Satz wie »Das Essen war gut«. Wenn Sie in diesem Fall ein Synonymlexikon für Erwachsene verwenden, versuchen Sie erst gar nicht unter »gut« nachzuschauen, da die zahllosen Adjektive, die unter diesem Wort aufgelistet sind, nicht immer zu dem Satz Ihres Kindes passen.

2. Lassen Sie Ihr Kind über Wörter nachdenken, die es bereits kennt und die das Wort »gut« ersetzen können.

Das Essen war schmackhaft.
Das Essen war köstlich.

3. Lassen Sie Ihr Kind nun im Lexikon unter «schmackhaft» und »köstlich« nachschlagen, um weitere Wörter zu entdecken, die sich für die Beschreibung des Essens eignen.

Das Essen war pikant.
Das Essen war lecker.
Das Essen war delikat.
Das Essen war herrlich.

4. Man kann an dieser Stelle aufhören, doch es lohnt sich, eines der neuen Wörter anzuschauen und weitere Alternativen herauszufinden. Wenn man beispielsweise unter »lecker« sucht, kann man »ansprechend« und »verlockend«, »verführerisch« und »reizvoll« finden.

5. Bleiben Sie nicht bei den Synonymen stehen, den Wörtern, die dasselbe meinen. Im Lexikon finden Sie auch die Antonyme, Wörter, die das Gegenteil ausdrücken. Ebenso wie Ihr Kind Alternativen und Verfeinerungen für den Ausdruck »Das Essen war gut« findet, kann es auch eine Fülle an

Möglichkeiten für die Aussage »Das Essen war nicht gut.« entdecken.

Das Essen war unappetitlich.
Das Essen war widerlich.
Das Essen war eklig.
Das Essen war furchtbar.
Das Essen war geschmacklos.

7.2.2 Eines ergibt das andere

Eine wechselseitig geschriebene Geschichte kann eine wunderbare Art sein, um die Schreibfähigkeit Ihres Kindes zu erweitern. Wenn Ihr Kind grübelnd vor einem weißen Blatt Papier sitzt oder etwas aufschreiben will, aber dann den Faden verliert, beginnen Sie mit einem ersten Satz. Es kann sich um einen Satz handeln, der zu den Hausaufgaben oder zu irgendeinem Thema gehört, das Ihnen oder Ihrem Kind einfällt. Fügen Sie dann den nächsten Satz hinzu und Ihr Kind dann wieder den nächsten. Die Geschichte ergibt sich dann von ganz alleine ...

Der Dankesbrief

Liebe Tante Anne (schreibt das Kind),
vielen Dank für das Geschenk (schreiben Sie). *Der Pulli gefällt mir sehr gut* (schreibt das Kind). *Er hat meine Lieblingsfarbe* (schreiben Sie). *Ich habe ihn am Sonntag angehabt* (schreibt das Kind). *Mama sagt, daß er toll aussieht* (schreiben Sie).
Liebe Grüße

Ein Bericht

Ich war am Strand (Kind). *Es war ein bißchen kalt* (Sie). *Ich ging schwimmen* (Kind). *Mein Bruder hat sein Surfbrett ausprobiert* (Sie). *Ich wollte, ich könnte so schwimmen wie er, aber ich kann es nicht* (Kind). *Nachher sind wir zu meinen besten Freunden zum Spielen gegangen* (Sie). *Wir haben im Garten gegrillt und sind in ihrem Swimmingpool geschwommen* (Kind).

7.2.3 Alle Wörter mit ...

Eine andere bei Kindern beliebte Übung handelt von Wörtern, die jeweils zwei gleiche Buchstaben hintereinander haben, wie beispielsweise alle Wörter mit »bl«.

Blut Blase Blatt blank blau Blech Blei
blenden bleiben Blick blind Blitz blinzeln Block Blume

Aus diesen Wörtern kann Ihr Kind nun Sätze bilden.

Ich hatte Blut an meiner Hand, nachdem ich mich am blanken Blech geschnitten hatte.

Die Wörter eignen sich auch für Zungenbrecher.

Das blaue blitzende Blech lag blank und blendete meinen blinzelnden Blick.

Ihr Kind kann nun auch auflisten, in welchen Wörtern die beiden Buchstaben sonst noch auftauchen.

Blitza**bl**eiter, A**bl**enkung, er**bl**ühen, Pro**bl**em, ver**bl**üfft, er**bl**ich

7.2.4 Was geschah vorher und was nachher

Ein Tag im Leben eines Markstücks

Die Mark lag auf dem Boden.

Wo war sie, bevor sie auf dem Boden lag?

Die Mark war in der Hand eines kleinen Jungen, der sie fallenließ.

Was geschah mit dem kleinen Jungen?

Der kleine Junge merkte, daß er sie verloren hatte, und begann zu weinen.

Was geschah mit dem Markstück?

Das Markstück lag herum, und es begann zu regnen.

Was passierte dann?

> Ein Mann kam vorbei und hob es auf.

Woher kam der Mann?

> Ein Mann auf dem Heimweg von der Arbeit hob das Markstück auf.

Wo tat er es hin?

> Er steckte die Mark in seine Tasche, und die Mark fühlte sich sicher.

Ab einem gewissen Punkt will Ihr Kind vermutlich die Geschichte selbst fortsetzen. Wenn nicht, helfen Sie ihm bis zum Ende weiter.

7.2.5 Und so weiter und so weiter – ein »Satzmarathon«

Diese Übung zeigt, wie man einen kurzen Satz immer länger macht, indem man Bindewörter benutzt wie »als«, »bis«, »bevor«, »und«, »aber«, »jedoch«, »noch«, »wenn«, »weshalb« und »weil«. Bitten Sie Ihr Kind, einen Satz zu schreiben.

> Ich ging einkaufen.

Lassen Sie es nun das Wörtchen »weil« am Ende benutzen.

> Ich ging einkaufen, weil ich Schulsachen brauchte.

Lassen Sie es nun ein weiteres Bindewort benutzen.

> Ich ging einkaufen, weil ich Schulsachen brauchte, bevor die Schule wieder anfing.

Und noch eines.

> Ich ging einkaufen, weil ich Schulsachen brauchte, bevor die Schule wieder anfing, doch habe ich keine Schultasche gefunden, die mir gefiel.

7.3 Gedankengänge erschließen

7.3.1 Ausfragen

Die Interviewtechnik eignet sich hervorragend, um sich einem Thema anzunähern oder dem Kind, das Schreiben für schwierig hält, Gedankengänge zu erschließen. Das betrifft sowohl die üblichen Ergänzungsfragen – »wer«, »was«, »wann«, »wo«, »warum« und »wie« – als auch Fragen, die mit »Bist du ...?«, »Kannst du ...?«, »Wirst du ...?«, »Hast du ...?«, »Würdest du ...?«, Könntest du ...?« beginnen.

7.3.2 Was ist zu tun, wenn Ihr Kind genervt von der Schule heimkommt mit der Aufgabe, das Leben im Alten Rom zu beschreiben?

Schreiben Sie gemeinsam eine Reihe von Fragen auf, die man einem römischen Bürger stellen könnte.

Leben Sie bei Ihrer Familie?
Sind Sie arm oder reich?
Treiben Sie Sport?
Fahren Sie in die Ferien?
Was ist Ihre Lieblingsspeise?
Gehen Sie zur Vorstellung der Gladiatoren?
Müssen Sie der Armee beitreten?
Wie groß ist Ihre Familie?
Was haben Sie zum Geburtstag bekommen?
Woher kommen Ihre Lebensmittel?

Wenn man diese Fragen mit ein bißchen Phantasie beantwortet, hat man schon die Hausaufgabe halb erledigt. Wenn Ihr Kind sich für die Erforschung des Alltags der alten Römer interessiert, können Sie auch Nachschlagewerke oder Fachbücher zu Rate ziehen.

7.3.3 Verbindungen herstellen

Suchen Sie mit Ihrem Kind sechs oder mehr Gegenstände heraus und legen Sie sie auf ein Tablett. Beschreiben Sie nun jeden Gegenstand so detailliert wie möglich.

Wie sieht er aus?
Wozu dient er?
Welche Farbe hat er?

Nehmen wir einmal an, es handelt sich bei den Gegenständen um einen Ball, einen Radiergummi, eine Büroklammer, ein Comic-Heft, ein Spielzeugauto und eine Orangenschale.

Der Ball ist gelb, klein und aus Schaumstoff.
Man benutzt ihn, um ihn anderen zuzuwerfen.
Der Radiergummi war einmal weiß, jetzt ist er schmutzig.
Die Papierklammer ist rot und aus Plastik und hält Mamas Quittungen zusammen.
Das Comic-Heft gehört mir, und ich mag es, weil viele Abenteuer darin vorkommen.
Das Spielzeugauto ist blau und altmodisch, und ich spiele gerne damit.
Die Orangenschale habe ich unter meinem Bett gefunden – sie ist orangefarben, aber ziemlich zusammengeschrumpft.

Versuchen Sie nun, Verbindungen herzustellen.

Mama hat für mich am selben Tag, als ich ein Comic-Heft kaufte, im Laden ein Spielzeugauto gekauft. Die Quittung hat sie zu den anderen in die Papierklammer gesteckt. Als sie die Quittungen in die Schublade tat, hat sie meinen Radiergummi gefunden und in mein Zimmer gebracht, wo ich mit meinem gelben Ball spielte. Er fiel auf den Boden und sie beugte sich herunter, um ihn aufzuheben und sah dabei ...

7.3.4 Eine Geschichte aus dem Kästchen

Wählen Sie einen ganz einfachen Gegenstand für die Geschichte aus, wie zum Beispiel einen Hut. Listen Sie alle Hutarten auf und fragen Sie sich, wer einen Hut trägt, warum Leute Hüte tragen und woraus ein Hut gemacht wird.

Hutarten

Filzhut, Cowboyhut, Mütze, Kappe, Helm, Kochmütze, Hexenhut, Narrenkappe, Melone

Wer trägt einen Hut?

Feuerwehrmänner, Kranken-schwestern, Polizisten, Solda-ten, elegante Leute, Baseball-spieler, Skifahrer, Fahrrad-fahrer, Hexen

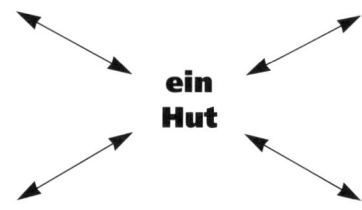

ein Hut

Warum trägt man einen Hut?

als Sonnenschutz, weil es regnet, um sich warm zu halten, weil es vorgeschrieben ist, Mode, Uniform, Schutz, aus Spaß

Woraus sind Hüte gemacht?

Wolle, Leder, Baumwolle, Plastik, Filz, Stroh, Papier

Wählen Sie aus jedem Kästchen ein Wort aus und lassen Sie Ihr Kind diese Wörter in eine Geschichte einbauen. Nach-dem Ihr Kind über das Thema nachgedacht und ein paar Wörter niedergeschrieben und geordnet hat, kann es be-stimmt ohne weiteres daraus eine Geschichte basteln.

7.4 Poesie

Eines Tages kommt Ihr Kind aus der Schule und bittet Sie, ihm bei einem Gedicht über den Sommer zu helfen. Sie sind entsetzt, weil Sie Gedichte schon in der Schule verabscheuten. Keine Bange! Im folgenden bieten wir vier einfache Wege zum Gedichteschreiben an.

7.4.1 Sinne

Ihre Fragen:

> Stell dir einen Sommertag vor. Was siehst du?
> Was riechst du?
> Was hörst du?
> Was kannst du fühlen und berühren?
> Was kannst du schmecken?

Das Gedicht Ihres Kindes:

> Ich sehe spielende Kinder auf dem Spielplatz.
> Ich kann den Duft von Gegrilltem riechen.
> Hunde bellen.
> Das neue Strandhandtuch.
> Currywurst und Pommes.

Mit ein paar kleinen Verbesserungen haben Sie bereits ein Gedicht über den Sommer.

7.4.2 Anfangsbuchstaben

Alternativ können Sie auch ein Akrostichon (die Anfangsbuchstaben der Verszeilen ergeben selbst ein Wort oder einen Vers) schreiben.

Schreiben Sie auf dem linken Rand des Blattes untereinander das Wort »Sommertag«. Ihr Kind muß nun mit jedem Buchstaben eine Gedichtzeile beginnen.

> Sonnenschein verwöhnt das Gras.
> Oleanderbüsche spenden Schatten.
> Mangos reifen in einer Schale.

Mein Körper ist voller Schweiß.
Erfrischung und Ruhe locken
Rund um das Schwimmbecken herum.
Tiere und Menschen dösen,
Alles blinzelt
Gegen das helle Sonnenlicht.

7.4.3 Dies ist …

Gedichte müssen nicht immer von großer Liebe oder gewaltiger Schönheit handeln. Sie können auch so gewöhnliche Dinge wie eine Küche zum Inhalt haben.

Dies ist der Kühlschrank, der die Speisen frisch hält.
Dies ist die Tasche, die an der Tür hängt.
Dies ist die Schublade, in der Messer und Gabel liegen.
Dies ist der Schalter, der Licht in die Dunkelheit bringt.
Dies ist das Spülbecken, in dem ich Geschirr spülen muß.
Dies ist der Schrank, in dem die Kekse versteckt sind.

Wann immer Ihr Kind ein Gedicht schreibt, lassen Sie es das Geschriebene laut aussprechen, um den Rhythmus und den Fluß der Wörter zu hören.

7.4.4 Der Kehrreim

Durch einen kleinen, einfachen Kehrreim können die sonderbarsten Gedanken zu einem Gedicht zusammengefaßt werden.

Die Uhr tickt,
Ticktack, ticktack,
Der Kessel brummt,
Ticktack, ticktack,
Mama tritt ein,
Ticktack, ticktack,
Der Fernseher läuft,
Ticktack, ticktack,
Der Tee dampft.

8 Clevere Kids können rechnen

Haben Sie schon gemerkt, wie gut Sie rechnen können? Denken Sie nur an die Berechnungen, die Sie heute schon gemacht haben.

- Steigen Sie nach dem Duschen auf die Waage, um Ihr Gewicht zu kontrollieren?
- Haben Sie nach Kleingeld für den Bus gekramt?
- Haben Sie im Supermarkt die Preise verglichen?
- Haben Sie heute morgen alle zur rechten Zeit geweckt?
- Haben Sie nachgeschaut, was Sie heute abend im Fernsehen anschauen wollen?

Sehen Sie, das ist alles Mathematik! Täglich machen wir Berechnungen, ohne es überhaupt zu merken. Mathematik ist lediglich eine Methode, Entscheidungen über Mengen und Zahlen zu treffen.

- Wieviel Geld ist noch in meiner Geldtasche?
- Wieviele Kinder passen ins Auto?
- Ich habe längst nicht soviele Koteletts in der Kühltruhe, wie Leute zum Abendessen kommen.
- Mein Gehalt reicht nicht für den Lebensunterhalt aus – Hilfe!
- Der Teppich meiner Schwester ist groß genug für die Diele.
- Zu Weihnachten muß ich fairerweise für jedes Kind gleich viel Geld ausgeben.

8.1 Die Sprache der Mathematik

Kinder können mit mathematischen Fragen dann umgehen, wenn sie beschreiben können, wo sich etwas befindet.

Mein Bruder sitzt vor dem Fernseher.
Ich sitze in der Nähe des Fensters.
Unser Haus liegt zwischen zwei Läden.
Ich habe mein Spielzeug unter das Bett geschoben.
Ich habe die Milch in den Kühlschrank gestellt.

Das ABC des erfolgreichen Rechnens

Addieren	**M**ultiplizieren
Bestellen	**N**otizen
C=römische Ziffer	**O**rdnung
für 100	**P**reise
Dezimalstellen	**Q**uantitäten
Einheiten	**R**abatt
Fragen	**S**chaubilder
Gleichungen	**T**rennen
Höhen	**Ü**ben
Inkasso	**V**olumen
Jahre, Monate,	**W**urzel
Tage, Stunden	**X** = römische Ziffer
Kilogramm	für zehn
Liter	**Z**ahlen

Die meisten mathematischen Aufgaben haben mit Reihenfolgen zu tun. Eine Reihenfolge stellt eine Ordnung dar, in der eine Zahl auf die andere folgt.

Welche Zahl kommt vor 7?
Welche Zahl folgt auf 16?
Welche Zahl befindet sich zwischen 15 und 17?

Überprüfen Sie, ob Ihr Kind den Wortlaut einer mathematischen Aufgabe versteht. Ein Kind, das die Wörter erklären kann, kann auch die Aufgabe korrekt lösen. Kinder können den Vorgang nachvollziehen, wenn sie die Wörter »und«, »machen«, »teilen«, »mehr als«, »weniger als«, »Unterschied« und »abziehen« kennen. Es ist gar nicht so schwer, mit den Ziffern umzugehen, aus denen die Zahlen bestehen, wenn die Kinder erst einmal diese Wörter begriffen haben.

Mein Bruder und ich hatten jeweils 50 Pfennig. Zusammen hatten wir eine Mark. Mein Bruder hat mit unserem Geld Bonbons gekauft. 50 Pfennig + 50 Pfennig = 1 DM.

Mein Bruder kaufte zehn Bonbons und teilte sie mit mir.
Er gab mir vier und hatte für sich sechs übrig: $10 - 4 = 6$; also
teilte er nicht zehn durch zwei gleiche Teile: $= 5$.

Er hat mehr bekommen als ich und ich weniger als er: $6 > 4$

Mama sagte, daß wir verschiedene Mengen hatten: $6 - 4 = 2$,
wir aber gleiche Mengen haben sollten: $5 - 5 = 0$

Also nahm sie ihm ein Bonbon weg und gab es mir:
$6 - 1 = 4 + 1$

Benutzen Sie stets solche einfachen Wörter, damit Ihr Kind
weiß, was sie bedeuten.

8.2 Die ersten Rechenübungen

Wenn Kinder mit dem Zählen anfangen, können Sie mit ihnen alles und jedes zählen, von der Anzahl der Socken in der
Wäsche bis zu den Vögeln, die im Vorgarten nisten. Jedesmal, wenn Sie etwas laut aufzählen, werden die Kinder
etwas vom Rhythmus des Zählens aufgreifen: eins ..., zwei ...,
drei ..., vier ..., fünf ..., sechs.

Die Dinge laut zu zählen ist wichtig, da dadurch verständ-
lich wird, warum so viele Zahlen notwendig sind. Lassen Sie
Ihr Kind alle Löffel aus der Schublade nehmen und zählen.
Ihr Kind sollte dabei jeden einzelnen Löffel berühren oder
aufheben, während es die Zahl aufsagt. Dadurch wird der
Gegenstand in direkte Beziehung zur Zahl gesetzt.

8.2.1 Was hat Mathematik mit Aufräumen zu tun?

1. Wie die Stapel größer oder kleiner werden
Geben Sie Ihrem Kind Gelegenheiten, um das Zählen zu
üben. Während es beim Wegräumen von Spielsachen, Ein-
räumen der Wäsche oder beim Aufhängen der Wäsche hilft,
wird es allmählich mitbekommen,

- daß ein Stapel kleiner wird und der andere größer,
- daß Sie beim Zählen aller Gegenstände zusammen auf die

gleiche Summe kommen, bzw. wenn Sie sie in zwei gleiche Stapel packen und jeden durchzählen, zusammen die gleiche Summe herauskommt,

- daß jeder Stapel eine kleinere Anzahl hat als beide zusammen.

2. Wie lange man zur Erledigung einer Aufgabe braucht

Wenn Sie Ihrem Kind häufig vermitteln, daß die Zeit etwas mit dem zu tun hat, was auf der Uhr vor sich geht, wird Ihr Kind lernen, die Uhr zu lesen.

Sagen Sie Ihrem Kind beispielsweise, daß Sie fünf Minuten lang aufräumen wollen. Schauen Sie auf die Uhr und sehen Sie nach, wo der Minutenzeiger stehen wird, wenn Sie fertig sind. Ihr Kind wird sich daran gewöhnen, wie lange fünf Minuten dauern. Aussagen wie »In fünf Minuten bin ich fertig.« oder »Das Essen steht in zehn Minuten auf dem Tisch.« werden Ihrem Kind helfen, Zeitabläufe zu verstehen.

3. Zu welchem Stapel gehört das?

Durch Einordnen des Spielzeugs nach Farbe, Form, Größe oder Art lernt Ihr Kind, die Prinzipien der Mathematik zu begreifen, da Mathematik aus Logik und Modellen besteht.

8.2.2 Wie man bis fünf zählt

Mit Hilfe der Finger an einer Hand lernt ein Kind, wie man zwei Zahlen zusammenzählt, um eine dritte zu erhalten.

Zunächst lassen Sie es mit einer Hand anfangen, damit es die andere zum Zählen benutzen oder die Finger, die nicht gezählt werden sollen, festhalten kann. Lassen Sie nun Ihr Kind einen Finger hochhalten und dann einen zweiten. Zählen Sie dann: »Eins und eins macht zwei«. Machen Sie weiter mit drei Fingern, dann mit den übrigen zwei Fingern, um es bis fünf zählen zu lassen.

Dieses Vorgehen sollte man mehrmals üben, damit Ihr Kind eines Tages fähig ist, Ihnen die Summe auch ohne die Hilfe der Finger zu nennen.

Werden Sie nicht ungeduldig – um den Dreh herauszukriegen, braucht es manchmal lange Zeit. Was Ihr Kind jedoch schnell versteht, ist die Möglichkeit, die eigene Hand zum Zusammenzählen zu benutzen – ein wandelnder Taschenrechner!

8.2.3 Wie man bis Zehn zählt und warum das wichtig ist

Wir leben mit einem Dezimalsystem. Wenn Ihr Kind alle Möglichkeiten lernt, bis zehn zu zählen, wird es ihm leichter fallen, bis hundert, tausend und sogar bis eine Million zu zählen. Alle Kinder sind begeistert, wenn sie erfahren, daß sie die Fähigkeit haben, eine Million und eine Million zusammenzuzählen und die richtige Lösung zu finden.

Im folgenden ein paar grundlegende Regeln, die es Ihnen erleichtert, das Wesen der Zahlen Ihrem Kind zu erklären.

- Zahlen werden in Mathematikbüchern als Ziffern bezeichnet.
- Die Ziffern lauten 0, 1, 2, 3, 4, 5, 6, 7, 8 und 9. Aus ihnen bestehen alle Zahlen.
- Die Ziffern sind wie Buchstaben, die zu Wörtern werden, nur daß sie zu Zahlen zusammengefaßt sind.
- Null kann nicht mit dem Finger gezählt werden, da es keine Zahl darstellt, die man berühren kann – es bedeutet lediglich, daß nichts vorhanden ist. Ihre Vorfahren brauchten in der Tat eine sehr lange Zeit, um festzustellen, daß sie durch die Erfindung einer Ziffer für Nichts eine Menge anfangen konnten.

Die Zahl Zehn kann man einfach aussprechen, wenn ein Kind begreift, was Zahlen bedeuten. Auch wenn man die Zahl in Ziffern (10) schreibt, bleibt es einfach. Bereits bekannte Ziffern – 0 und 1 – ergeben zusammen eine neue Zahl.

Dennoch können Kinder darüber ins Grübeln kommen. Um die Zahl 10 zu erklären, können Sie folgende Geschichte erzählen:

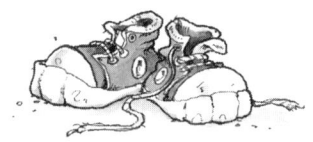

Vor langer Zeit konnten die Leute nur mit ihren Fingern zählen. Wenn sie mehr als zehn Dinge zählen mußten, und nur eine Person da war, zählte diese Person bis zehn und legte dann einen Stein oder etwas anderes vor sich, um sich zu erinnern, wie oft sie bis zehn gezählt hatte. Dann zählte sie wieder ihre Finger, bis sie wieder bei zehn angelangt war. Sie legte einen weiteren Stein vor sich und machte auf diese Art weiter, bis sie alles gezählt hatte. Jeder Stein bedeutete nun eine Zehn. Dann zählte dieser Mensch die Anzahl der Steine und die Anzahl der Finger, die am Ende der Zählung übriggeblieben waren. Die Anzahl der Zehnereinheiten schrieb sie auf die linke Seite und die Zahl der übrigen Finger auf die rechte. Die Finger eines Menschen ergeben 10, was einmal 10 und nicht mehr ist. Die 1 bedeutet »einmal 10« und die 0 bedeutet »nicht mehr«: 10 = 1 Zehn und 0 mehr.
Fünfundsechzig sind demnach 6 Steine und 5 Finger – oder 65 = sechs Zehner und 5 mehr.
Mehr dazu später!

8.2.4 Null steht nicht für nichts

Achten Sie darauf, daß Sie die Erläuterungen zur Bedeutung der Null nicht übersehen. Da wir dazu neigen, die Null als nichts zu betrachten, können wir ihre wahre Bedeutung leicht vergessen.

In einer zusammengesetzten Zahl stellt die Null eine wichtige Aussage dar.

10 – Hier bedeutet die Null, daß die Eins 10 wert ist.
100 – Hier bedeutet die Null, daß die Eins 100 wert ist.

Weitere Informationen über das »Nichts«:

- Wenn Sie zu etwas nichts hinzuzählen, ergibt es keinen Unterschied.
- Wenn Sie von etwas nichts abziehen, ergibt es keinen Unterschied.
- Wenn Sie jedoch etwas mit nichts multiplizieren, ist alles verschwunden!

8.3 Wenn die Finger nicht mehr ausreichen ...

Als erstes muß Ihr Kind bis zehn zählen und dann die Zahlen mit einer Ziffer in Verbindung bringen können. Hilfreich sind beispielsweise magnetische Zahlen am Kühlschrank.

Wenn das problemlos funktioniert, können Sie Ihrem Kind beibringen, bis 20 zu zählen. Zeigen Sie Ihrem Kind, daß Sie die gleichen Ziffern, die zum Zählen bis zehn notwendig sind, verwenden, um die Ziffern bis 20 aufzuschreiben.

Gehen Sie behutsam vor. Wenn Ihr Kind die Zahlen nicht richtig kann, wiederholen Sie von dort, wo es richtig zählen kann. Es sollte stets zum Üben ermuntert werden.

8.3.1 Das Zahlenhaus

Es geht um die wechselseitige Beziehung von Zehner- und Einermengen. Ihr Kind muß lernen, daß zehn Mengen einer Sache zu einer Menge von zehn werden können.

Suchen Sie eine Menge von Ein-Pfennig-Stücken und zählen Sie, wieviele Pfennige da sind. Wenn es mehr als zehn sind, lassen Sie sie Ihr Kind in Zehnermengen und die restlichen Pfennige seperat auflegen.

Nehmen wir einmal an, es sind 43 Pfennige, also vier Häufchen à zehn Pfennige und drei einzelne Pfennige. Jedes Häufchen mit zehn Pfennigen kann nun in ein Zehnpfennigstück umgetauscht werden.

Eine Möglichkeit ist, Ihr Kind eine Zahlentabelle schreiben zu lassen, was eine gute Übung für das Zählen bis hundert darstellt.

Teilen Sie ein Blatt Papier in hundert Quadrate auf, und beziffern Sie jedes wie folgt:

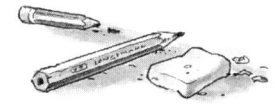

1	2	3	4	5	6	7	8	9	10
11	12	13	14	15	16	17	18	19	20
21	22	23	24	25	26	27	28	29	30
31	32	33	34	35	36	37	38	39	40
41	42	43	44	45	46	47	48	49	50
51	52	53	54	55	56	57	58	59	60
61	62	63	64	65	66	67	68	69	70
71	72	73	74	75	76	77	78	79	80
81	82	83	84	85	86	87	88	89	90
91	92	93	94	95	96	97	98	99	100

Lassen Sie Ihr Kind in jedes Kästchen, angefangen bei eins, einen Pfennig legen und achten Sie darauf, daß kein Kästchen ausgelassen wird. Jedesmal, wenn eine Reihe komplett ist, kann Ihr Kind die zehn Pfennige herausnehmen und dafür ein Zehnpfennigstück erhalten.

8.3.2 Das Tauschhandelspiel

Jedes Kind malt zehn Quadrate in einer Reihe und schreibt die Zahlen 1 bis 10 in jedes Kästchen.

1	2	3	4	5	6	7	8	9	10

Dann malt jedes Kind eine weitere Quadratreihe mit den Zahlen 10, 20 usw. bis 100.

10	20	30	40	50	60	70	80	90	100

Der erste Spieler wirft einen Würfel und entnimmt dem Pfennighäufchen so viele Münzen, wie der Würfel anzeigt, und legt sie auf seine erste Zahlenreihe. Der nächste Spieler verfährt genauso.

Wenn ein Spieler mehr als zehn Pfennigstücke hat, wechselt er zehn davon in ein Zehnpfennigstück und legt es auf die zweite Zahlenreihe.

Jeder Spieler sollte erklären, was geschieht, während er an der Reihe ist.

Ich hatte erst eine Fünf und jetzt eine Sechs gewürfelt. Fünf und sechs macht elf, was einmal zehn macht (also einen Tausch) und einen Pfennig übrigläßt.

Das Spiel vermittelt einiges an Verständnis des komplizierten Vorgangs, wie eine Menge gegen etwas anderes, das den gleichen Wert hat, ausgetauscht werden kann.

8.3.3 Das Lesen der Zahlen

Wenn Ihr Kind bis 100 zählen kann, können Sie ihm den Unterschied zwischen 17 und 70 erklären. 17 ist einmal eine Zehn und siebenmal eine Eins, aber 70 sind sieben Zehner und null Einer. Die Tatsache, daß die »–zehn«-Zahlen und die »–zig«-Zahlen ähnlich klingen, kann, wenn Sie den Unterschied nicht deutlich machen, verwirrend sein.

8.3.4 Zahlen werfen

Basteln Sie zwei Würfel – einen mit den Zahlen eins bis sechs und einen, der eine Sieben, eine Acht, eine Neun und drei Nullen hat.

Der zweite Würfel ist wichtig, weil Sie damit Ziffern über sechs sowie Nullen würfeln können.

Malen Sie eine Zahlentabelle von eins bis hundert. Der erste Spieler wirft beide Würfel und erhält beispielsweise sechs und acht.

Der Spieler entscheidet sich nun, ob er 68 oder 86 wählt, und kreuzt die gewählte Nummer auf der Tabelle an. Es geht darum, wieviele Zahlen in einer bestimmten Zeit angekreuzt werden können. Der Spieler kann sich aussuchen, ob er einen Würfel zweimal wirft, um die Lücken auszufüllen.

8.3.5 Größere oder kleinere Zahlen auf der Tabelle

Auf diese Art lernt Ihr Kind, in welcher Reihenfolge die Zahlen zueinander stehen.

Wählen Sie eine Zahl, aber sagen Sie Ihrem Kind nicht, welche. Ihr Kind hat die Zahlentabelle vor sich und rät eine Zahl. Nehmen wir an, Sie haben die Elf gewählt und Ihr Kind sagt 82. Elf ist kleiner als 82, und so geben Sie ein entsprechendes Zeichen – Sie strecken den Daumen abwärts. Ihr Kind schaut auf der Tabelle nach und sagt dann sechs. Sie geben das Zeichen, daß Ihr Kind sich nun eine größere Zahl ausdenken soll – Daumen nach oben. Lassen Sie Ihr Kind zehn Versuche machen.

Die Zahlentabelle hilft Ihrem Kind zu erkennen, daß Zahlen ansteigen. Wenn es dann ums Rechnen geht, kann es leichter Fehler vermeiden.

Es mag vielleicht etwas übertrieben erscheinen, all diese Spiele zu empfehlen, aber da die Technologie immer ausgefeilter wird, lassen Kinder viele Gelegenheiten aus, um Zahlen zu üben. Möglicherweise bezahlen Sie Ihre Einkäufe mit Scheck- oder Kreditkarte, die Gasrechnung per Banküberweisung, und eine Theaterkarte bestellen Sie per Telefon. Das bedeutet, daß Kinder Zahlen im Alltag kaum noch konkret erleben – daher die Spiele!

8.4 Das A und O der Mathematik

8.4.1 Addieren

Das Zusammenzählen ist die einfachste Art, mit dem Rechnen zu beginnen. Bevor Kinder Rechnungen schriftlich lösen können, müssen sie folgendes lernen:

- Das Zeichen zum Addieren ist ein +.
- Das Pluszeichen bedeutet, daß zwei Zahlen zusammengezählt werden, indem man weiterzählt.
- Das Gleichzeichen ist =.
- Das Gleichzeichen bedeutet, daß die Zahlen links davon zusammengezählt werden, um die Zahl auf der rechten Seite herauszubekommen (5 + 3 = 8) und umgekehrt (8 = 3 + 5).
- Bis zur »10« kann man die Finger benutzen.

Vermitteln Sie Ihrem Kind so viele Erfahrungen wie möglich im Rechnen von Zahlen bis zehn. Vergessen Sie die Null nicht!

1+3=	2+2=	6+4=	1+1=
4+4=	3+1=	5+5=	2+0=
4+6=	4+0=	7+3=	0+2=

8.4.2 Was ist mit den Zahlen, die größer als zehn sind?

Wenn das Kind erst einmal das Muster durchschaut, ist es ganz einfach.

- Wenn 5 und 4 gleich 9 ist, dann ist 15 und 4 gleich 19, und 115 und 4 ist 119.
- Wenn 5 und 3 gleich 8 ist, dann ist 3 und 15 gleich 18, und 33 und 5 ist 38.
- Wenn 5 und 5 gleich 10 ist, dann ist 5 und 15 gleich 20, und 115 und 5 ist 120.

8.4.3 Subtrahieren

Auch Abziehen kann man mit den Fingern. Fragen Sie Ihr Kind nochmals, was zehn ergibt, und schreiben Sie es auf.

$$5 + 5 = 10$$

Lassen Sie Ihr Kind das an seinen Fingern vorzeigen. Sagen Sie dann »Nimm fünf Finger weg« und fragen Sie, was geschehen ist. Zeigen Sie dann, was passiert ist, indem Sie das Minuszeichen »−« schreiben.

$$10 - 5$$

Fragen Sie, was übrigbleibt, und die Antwort ist klar.

$$10 - 5 = 5$$

Denken Sie daran, die Rechenzeichen in Worte zu fassen, damit Ihr Kind weiß, daß es sich nicht um seltsame Hieroglyphen handelt.

- Das Zeichen »+« bedeutet »plus«, »und«, »addieren« und »zusammenzählen«.
- Das Zeichen »−« bedeutet »minus«, »weniger«, »subtrahieren« und »abziehen«.
- Das Zeichen »=« bedeutet »ist gleich«, »gleich«, »macht« und »ergibt«.

Nutzen Sie jede Gelegenheit und Alltagssituation zum Üben.

Die Zeit, die man aufs Addieren und Subtrahieren verwendet, ist nicht verschwendet, da diese Fähigkeiten die Basis für alles bilden, was Ihr Kind für die Mathematik und das Leben braucht. Es fällt zwar schwer, das zu glauben, doch die Algebra-Aufgaben, die sehr viel später in der Schule gestellt werden, z. B. »a + b = 9, wenn a = 4 und b = 5«, beruhen auf derselben Grundlage wie 4 + 5 = 9.

8.4.4 Multiplizieren

Die Multiplikation ist der schnellste Weg, die gleiche Zahl immer wieder zu addieren. Sie können 9 + 9 + 9 + 9 + 9 zusammenzählen und es ergibt 45. Oder Sie können sagen: 9 x 5 = 45. Das gleiche Ergebnis, aber diese Methode ist schneller!

- Das Zeichen »x« bedeutet »mal«, »malnehmen«, »multiplizieren«.

Nehmen Sie für den Multiplizierunterricht wieder die Münzen heraus. Geben Sie Ihrem Kind eine Handvoll Pfennigstücke. Lassen Sie es zehn davon herauszählen und in Zweiermengen legen. Fragen Sie, was das ergibt. Lassen Sie sich von einer anderen Antwort, als Sie erwartet haben, nicht entmutigen. Sie wollen schließlich, daß Ihr Kind sieht, was vor sich geht, also stellen Sie weitere Fragen, die ihm den Vorgang deutlich machen. Wenn Ihr Kind durcheinandergerät, beginnen Sie noch einmal von vorne.

Frage:	Womit hast du angefangen?
Kind:	Einem Haufen.
Frage:	Was war in dem Haufen?
Kind:	Zehn Pfennige.

Es schreibt die Zahl 10.

Frage:	Was hast du mit ihnen gemacht?
Kind:	Ich habe sie rausgenommen.
Frage:	Wie hast du sie rausgenommen?
Kind:	Ich habe sie in Häufchen aufgeteilt.

| Frage: | Wieviel waren in jedem Häufchen? |
| Kind: | Zwei. |

Es schreibt die Zahl 2.

| Frage: | Wieviele Häufchen waren das? |
| Kind: | Fünf. |

Es schreibt die Zahl 5.

Frage:	Kannst du mir nun sagen, was auf dem Tisch liegt?
Kind:	Fünf Häufchen.
Frage:	Fünf Häufchen von was?
Kind:	Fünf Häufchen mit je zwei Pfennigstücken.
Frage:	Wie schreibstdu das? Kennst du das Zeichen für »malnehmen«? Was macht das zusammen?

Es schreibt 5 x 2 = 10.

Machen Sie sich nichts daraus, wenn Ihr Kind es nicht sofort versteht. Es handelt sich hier erst noch um die Grundlage der Mengenlehre. Beim Multiplizieren sind die Mengen immer gleich – zwei Mengen machen 2x, drei Mengen machen 3x, und hundert Mengen machen 100x.

Lassen Sie Ihr Kind nun die zehn Mengen von Pfennigstücken in Häufchen zu je fünf aufteilen. Vielleicht glaubt Ihr Kind, daß 2 x 5 = 5 x 2 ergibt, aber machen Sie sich keine Sorgen, wenn das noch nicht vorgekommen ist. Zumindest hat Ihr Kind mitbekommen, daß ein Häufchen in einzelne Mengen aufgeteilt werden kann. Unter Anleitung und durch eigene Erfahrungen wird Ihr Kind allmählich mehr begreifen.

8.4.5 Dividieren

Erinnern Sie Ihr Kind bei dieser Übung jedesmal daran, daß die Division ein Teil der Multiplikation ist. Die Frage „Wieviele Zweierhäufchen kannst du von zehn Münzen machen?« ist das gleiche wie »zehn geteilt durch zwei«.

Auch durch mehrmaliges Wegnehmen kann man zum Dividieren anleiten. So kann man herausfinden, wieviele Zweierhäufchen in einer Zehnermenge enthalten sind:

1.	$10 - 2 = 8$
2.	$8 - 2 = 6$
3.	$6 - 2 = 4$
4.	$4 - 2 = 2$
5.	$2 - 2 = 0$

Die Antwort lautet fünf. In einer Menge von zehn Einheiten sind fünf Mengen à zwei Einheiten enthalten.

Denken Sie daran, daß Ihnen das sehr einfach erscheinen mag, für Ihr Kind jedoch ein absolutes Rätsel sein kann.

Mit viel Übung werden Kinder gut in Mathematik. Es spielt überhaupt keine Rolle, welche Art von Übungen das sind, doch sollten Sie Ihrem Kind zahlreiche Möglichkeiten bieten, den Sinn einer Rechnung zu begreifen. Rechnungen sollten keineswegs an den Haaren herbeigezogen werden, sondern einen durchaus konkreten Hintergrund haben.

Kinder, die das verstehen, werden keine Probleme mit Mathematik haben, vor schwierigen Rechnungen nicht zurückschrecken und begeistert über neue Entdeckungen sein, wie eine Sache in Beziehung zu einer anderen steht.

8.4.6 Hilfreiche Darstellungen

Lassen Sie Ihr Kind zu dem Vorgang ein Bild malen. Zum Lernen der Zweiermengen gibt es zahlreiche Wege. Zum Beispiel kann Ihr Kind zwei Kugeln zeichnen, die ihm verdeutlichen, daß eine Menge aus zwei Einheiten eben aus zwei Stücken besteht. Jedesmal, wenn das Kind zwei weitere Kugeln zeichnet, erkennt es, wie die Zweiermenge funktioniert.

5 x	● ●	= 10
4 x	● ●	= 8
3 x	● ●	= 6
2 x	● ●	= 4
1 x	● ●	= 2

Anschließend kann Ihr Kind die Ergebnisse daneben schreiben. Das Kind kann anstelle von Kugeln auch Paare von Schuhen, Socken oder Handschuhen zeichnen.

8.5 Fünf Zehnermengen = 50 Tips

8.5.1 Zehn Wege zum Zählenlernen

Zeigen Sie Ihrem Kind

1. die geraden und ungeraden Zahlen
2. Wörter zu suchen, die eine Lage bezeichnen, wie »nahe bei«, »daneben«, »dazwischen«, »vor« und »nach«
3. eine horizontale und eine vertikale Linie zu ziehen
4. verschiedene Formen zu zeichnen
5. ein Lineal zu benutzen
6. die Zeiteinteilung: 60 Sekunden ergeben eine Minute, 60 Minuten eine Stunde, 24 Stunden einen Tag, sieben Tage eine Woche und 52 Wochen ein Jahr
7. die Bedeutung von erstens, zweitens, drittens, viertens, fünftens usw.
8. daß hundert Pfennige eine Mark ergeben
9. wie man eine Hälfte und ein Viertel erhält
10. den Kalender – die Wochentage und Monate des Jahres

8.5.2 Zehn mathematische Aktivitäten, die etwas zählen, messen und vergleichen

1. Zeichnen Sie einen Plan des Kinderzimmers auf.
2. Messen Sie zusammen Handspanne, Größe, Spannweite der Arme, Kopfumfang, Taille, Beinlänge und Fußgröße Ihres Kindes.
3. Machen Sie ein Schaubild der Lebensmittel im Küchenschrank.
4. Zeichnen Sie das Wetter nach Art eines Kalenders auf.
5. Schneiden Sie Äpfel in Hälften und Viertel.
6. Prüfen Sie gemeinsam, wieviele Tassen Wasser das Kind braucht, um eine Schüssel zu füllen, und wieviele Kännchen mit Wasser für die gleiche Schüssel notwendig sind.
7. Besorgen Sie einen Spielzeug-Kaufmannsladen.
8. Legen Sie eine Zähltabelle für Wörter im Lesebuch Ihres Kindes an.
9. Backen Sie einen Kuchen.
10. Decken Sie den Tisch.

8.5.3 Zehn Gegenstände, die Ihre Familie zum Rechnen bringen

1. eine Wachstumstabelle
2. eine Uhr mit deutlichem Zifferblatt, die Sie beide benutzen können.
3. eine Waage
4. Lineal, Schere und Klebstoff
5. ein Maßband
6. ein Sparschwein
7. eine Pinnwand
8. Puzzlespiele
9. Würfel
10. Bauklötze

8.5.4 Zehn Wege, wie ein Einkaufsbummel zum Rechenerlebnis wird

1. Besprechen Sie, ob Sie groß einkaufen gehen oder nur Kleinigkeiten besorgen, und ob Sie eine Tasche brauchen.
2. Schreiben Sie eine Einkaufsliste mit der Anzahl jedes benötigten Artikels.
3. Entscheiden Sie, in welche Läden Sie gehen wollen, und machen Sie einen Plan.
4. Sagen Sie Ihrem Kind, wie Sie bezahlen werden.
5. Schauen Sie nach dem Wetter und überlegen Sie, welche Kleidung sinnvoll ist – vielleicht brauchen Sie einen Regenschirm.
6. Notieren Sie die Entfernung zu den Geschäften und wie lange Sie brauchen, um sie zu erreichen. Unterwegs können Sie zählen, wieviele rote Autos Sie entdecken.
7. Beziehen Sie Ihr Kind beim Einkauf mit ein – durch Abhaken auf der Einkaufsliste, Einpacken von Obst in die Tüte, Herausnehmen der Sachen aus dem Regal und das Nennen des Preises.
8. Zuhause kann Ihr Kind die Sachen wegräumen und in die entsprechenden Schränke oder Behältnisse packen.
9. Reden Sie anschließend mit Ihrem Kind über den Einkaufsausflug – in wievielen Läden Sie waren, wieviele Sachen Sie gekauft haben, die nicht auf der Liste standen, und wel-

che Sachen Sie vergessen haben, obwohl sie auf der Liste standen.

10. Bei einer wohlverdienten Tasse Kaffee fragen Sie Ihr Kind, ob es sich erinnern kann, was Sie gekauft haben. Das trainiert das Gedächtnis. Vielleicht vergessen Sie ja mit Hilfe Ihres Kindes beim nächsten Mal weniger!

Zehn weitere hilfreiche Hinweise

1. Ihr Kind sollte mit zwei Arten von Linealen umgehen können:

- mit einem, das in seiner ganzen Länge als Maßstab dient,
- mit einem anderen, auf dem die Maßeinheiten gekennzeichnet sind.

1. Um das Lineal sinnvoll benutzen zu können, muß Ihr Kind wissen, wie man das Lineal in der Mitte festhält, damit die kleinen Finger nicht über die Kante hinausragen und dadurch der schönen, geraden Linie einen Schubs geben.

2. Mit einem gespitzten Bleistift sieht die Arbeit sauber aus. Ein Anspitzer sollte immer griffbereit sein.

3. Durch Verbinden einer vertikalen mit einer horizontalen Linie entsteht ein rechter Winkel.

4. Es gibt vier mathematische Symbole, die beim Rechnen behilflich sind. Normalerweise ergeben »+« und »x« (»·«) ein Resultat, das größer ist als die ursprüngliche Zahl, während »–« und »:« ein kleineres Resultat ergeben.

5. Ihr Kind wird mit den Grundrechenarten immer wieder zu tun haben, nicht nur bei Klassenarbeiten und beim Multiplizieren, sondern auch beim Bruchrechnen, Prozentrechnen, bei algebraischen Gleichungen, Statistiken, Matrizen, Wahrscheinlichkeitsrechnungen, Winkeln und Flächen, Umfang und Volumen – praktisch das ganze Leben lang. Die Grundrechenarten als Basis wirklich gut zu beherrschen, ist die Voraussetzung schlechthin, um Mathematik erfolgreich zu meistern.

6. Wußten Sie, daß Sie eine Multiplikation mit 9 an den Fingern abzählen können? Halten Sie die Hände so, daß Sie die Handflächen sehen können und die Finger nach oben weisen. Zählen Sie, beginnend mit dem linken Daumen, von links nach rechts bis zum rechten Daumen, dem zehnten Finger in der Reihe. Wenn Sie nun feststellen möchten, wieviel 3 x 9 ist, winkeln Sie den dritten Finger von links ab – die zwei Finger auf der linken Seite sagen Ihnen, wieviele Zehner das Ergebnis hat, und die sieben Finger auf der rechten Seite, wieviele Einer: 3 x 9 = 27.

8. Der Mathematikunterricht, den Ihr Kind in der Grundschule erhält, wird sich als nützlich für Kunst, Physik, Chemie und Geschichte erweisen – im Grunde genommen ist er überall hilfreich.

9. Die Mathematik, die Sie in der Schule gelernt haben, verwenden Sie heute noch. Zeigen Sie Ihrem Kind, wie oft Sie sie Tag für Tag benutzen, damit deutlich wird:

10. Mathematik ist wichtig!

9 Clevere Kids freuen sich am Leben

Wenn Sie beide akzeptieren, daß Sie auch nur Menschen sind, kann das Lernen mit Ihrem Kind viel Spaß bereiten.

Denken Sie daran, daß sich jeder dann wohl fühlt, wenn er sich umsorgt, unterstützt und gemocht fühlt.

Das ABC der Selbstachtung

Anerkennung	**M**otivation
Bedürfnisse	**N**achdenklichkeit
Charakter	**O**ffenheit
Du	**P**ersönlichkeit
Einverständnis	**Q**ualität
Freunde	**R**isiko
Gleichheit	**S**ympathie
Harmonie	**T**atkraft
Interessen	**U**nterstützung
Jubel	**V**erständnis
Kenntnisse	**W**ertschätzung
Lob	**Z**uneigung

Um Ihr eigenes Potential und das Ihres Kindes voll ausschöpfen zu können, müssen Sie wissen, was Sie beide motiviert, was Sie durchhalten läßt und wodurch Sie zufriedengestellt werden.

9.1 Für Anfänger ...

9.1.1 Was motiviert Sie?

Es gibt Dinge, die Sie tun,

- weil es unangenehmer ist, sie nicht zu tun – Sie leeren den Mülleimer aus, wenn er voll ist oder zu riechen anfängt!
- weil Sie meinen, es muß sein – Sie bieten an, zehn Kinder zu einem Fußballspiel mitzunehmen, weil es sonst keiner macht!
- weil Sie Ihnen Spaß machen – Sie schwimmen jeden Morgen zwei Kilometer, weil Sie die Bewegung lieben!
- weil Sie darin eine neue Chance erblicken – Sie nehmen Fahrstunden, weil Sie dadurch einen neuen Job bekommen können!
- weil Sie müssen – Sie versäumen Teile eines Films, weil Sie ans Telefon gehen!
- weil Sie sie können – Sie lösen ein Kreuzworträtsel, weil Sie gut darin sind!

9.1.2 Wie man ein widerwilliges Kind motiviert

Besprechen Sie gemeinsam, wie lange die Arbeit dauern wird, um einen Arbeitsbogen auszufüllen – nehmen wir an, 30 Minuten. Setzen Sie sich realistische Ziele und überprüfen Sie, wieviel Zeit zur Verfügung steht – angenommen zweieinhalb Stunden – bis Ihr Kind zum Sport oder zum Computerkurs geht. Vereinbaren Sie, daß in diesen 30 Minuten die Arbeit beendet sein muß.

Das vermittelt Ihrem Kind die Erfahrung, wie man eine Sache angeht. Ihr Kind wird lernen, wie man anfängt, obwohl man lustlos ist und eine Zeitbegrenzung vorgegeben ist.

9.1.3 Was einen durchhalten läßt

- der Glauben an sich selbst
- ein Interesse an dem, was noch zu tun ist
- Verständnis für die Gesamtheit der Aufgabe

- die richtige Ausrüstung
- ausreichende Informationen
- entsprechende Kenntnisse
- Energie
- Aufmunterung
- der Wunsch, eine Sache zum Abschluß zu bringen
- die Erwartung des Hochgefühls nach Abschluß einer Angelegenheit
- die Erinnerung daran, wie sich in der Vergangenheit harte Arbeit ausgezahlt hat
- die Kenntnis Ihrer eigenen Vorgehensweise

9.1.4 Wie Sie Ihr Kind bei der Sache halten

1. Ihr Kind kann natürlich eine Pause machen, doch sollte vorher vereinbart werden, wie lang diese ist.

2. Finden Sie heraus, wieviel Ihr Kind in zwei Minuten erledigen kann – das beeinflußt den Arbeitsrhythmus und kann ebensogut wie eine Pause sein.

3. Ihr Kind kann Ihnen selbst sagen, wieviel es in dieser Zeit beendet hat.

4. Ihr Kind kann Ihnen laut vorlesen, was es bis dahin gemacht hat.

5. Ihr Kind kann Ihnen sagen, was seiner Meinung nach noch zu tun ist.

6. Ihr Kind kann sich strecken und räkeln.

7. Ihr Kind kann sich ein Glas Wasser holen.

8. Ihr Kind kann eine Kleinigkeit essen.

9. Durch Überarbeiten der erledigten Aufgaben kann Ihr Kind feststellen, wo etwas verbessert werden kann.

10. Wenn Ihr Kind den Mut verliert, weil die Arbeit schlampig geraten ist, ziehen Sie einen Strich und lassen Sie es von vorne beginnen.

9.1.5 Wie Sie sich selbst bei der Sache halten

Wenn Ihr Kind sich geschlagen gibt und erwartet, daß es Ihnen ebenso geht, eignen sich Entspannungsübungen (siehe Anhang) zum Auftanken neuer Energien. Vergessen Sie nicht, daß die Hausaufgaben an sich nicht wichtig sind, daß jedoch das Weitermachen, wenn Sie eigentlich aufhören wollen, eine Fähigkeit fürs Leben ist. Wenn Sie stets daran denken, werden Sie kaum auf solche Ausreden verfallen wie »Mein Kind ist zu müde« oder »Ich habe keine Zeit«.

Prüfen Sie nach, ob es etwas gibt, das Ihr Kind wirklich nicht kann, und was die Niedergeschlagenheit verursacht. Geben Sie dann Ihrem Kind soviel Unterstützung, wie es wirklich braucht, um noch einmal anzufangen – nicht Ansprüche, sondern Bedürfnisse zählen!

Hören Sie genau hin, wenn Ihr Kind sein Problem erläutert. Es kann vorkommen, daß sich Ihr Kind deswegen nicht konzentrieren kann, weil ihm etwas anderes im Kopf umherschwirrt. Lassen Sie sich davon nicht ablenken, vermitteln Sie hingegen Ihrem Kind, daß Sie in jedem Fall darüber reden werden: »Wir können jetzt darüber reden, und die Arbeit später erledigen, oder wir erledigen die Arbeit jetzt und reden später«.

9.2 Gute und schlechte Zeiten

9.2.1 Wie man sich zufrieden fühlt

Zufrieden fühlt man sich dann, wenn Träume wahr werden und Pläne Formen annehmen. Ein Gefühl der Befriedigung kann dann entstehen, wenn Sie mit Hilfe Ihrer Fähigkeiten jemand anderem geholfen haben, etwas zu entdecken oder sich zu verbessern. Sie fühlen sich erfüllt, wenn Sie jemandem Ihre Anteilnahme zeigen oder wenn Ihnen jemand anderer zeigt, daß er Sie zu schätzen weiß. Befriedigung finden Sie auch durch die Bewältigung einer Aufgabe, die Sie für schwierig gehalten haben. Eine Arbeit, die Sie erfolgreich erledigt haben, kann Ihnen ebenfalls Befriedigung vermitteln.

9.2.2 Wie Sie Ihrem Kind ein Gefühl für Zufriedenheit vermitteln

Veranlassen Sie Ihr Kind, sich realistische Ziele zu setzen. Das heißt nicht, daß Sie es auslachen sollen, wenn es Bundeskanzler werden will. Zeigen Sie ihm statt dessen, was alles notwendig ist, um dieses Ziel zu erreichen.

Kinder, die ihre Lernfähigkeit positiv einschätzen, setzen sich Ziele, die ihnen die Erfahrung von Befriedigung vermitteln. Das dient als Sprungbrett für weiteres Lernen.

9.2.3 Wie die Arbeit mit Ihrem Kind bei Ihnen selbst Zufriedenheit auslösen kann.

Wenn Sie und Ihr Kind sich zufrieden fühlen, kann das ganz verschiedene Gründe haben – Ihr Kind ist zufrieden, weil die Hausaufgaben erledigt sind, und Sie sind zufrieden, weil es die Hausaufgaben besser als je zuvor erledigt hat.

Sie werden sich dann zufrieden fühlen, wenn Sie wissen, in welchen Bereichen Ihr Kind der Verbesserung bedarf und wenn Sie diese Verbesserungen auf irgendeinem Gebiet feststellen.

9.2.4 Die gegenseitige Anerkennung

Sie und Ihr Kind reagieren am besten aufeinander, wenn Sie voneinander das bekommen, was Sie brauchen. Wenn Ihr Kind lächelt, Ihnen zuhört und sich für Ihre Hilfe bedankt, ruft das ein Wohlgefühl bei Ihnen hervor.

Achten Sie darauf, was Ihr Kind von Ihnen braucht – an einem Tag freut es sich über das Essen und am anderen Tag schiebt es den Teller weg. Bleiben Sie ruhig und konzentriert und denken Sie daran, was Sie langfristig erreichen wollen.

Ehrliches Lob tut Kindern immer gut. Es gibt viele Dinge, für die Sie Ihr Kind loben können, so daß es sich geliebt fühlt, auch wenn es in Ihrer Beziehung manchmal Probleme gibt. Wenn die Hausaufgaben unzureichend erledigt wurden und Sie es dafür nicht loben können, entscheiden Sie sich bewußt für etwas, das Sie an Ihrem Kind mögen. Das hat nichts mit Gönnerhaftigkeit zu tun – es vermittelt dem Kind lediglich, daß es Ihnen mehr bedeutet als Hausaufgaben.

9.2.5 Wenn Ihr Kind sich verschließt

Kinder ziehen sich zu unterschiedlichen Zeiten zurück. Sie lassen die Hilfe ihrer Eltern nicht zu, selbst wenn sie ihnen

angeboten wird. Dafür gibt es viele Gründe. Kinder ver-
schließen sich, weil sie

- glauben, daß Sie zuviel helfen,
- glauben, Sie seien nicht wirklich interessiert,
- das einzige Kind sein wollen,
- Brüder und Schwestern haben wollen,
- einen Hund wollen,
- sich schuldig fühlen,
- einsam sind,
- sich schämen,
- ungeduldig sind,
- mürrisch sind,
- sich nicht wohl fühlen,
- sich verzweifelt fühlen,
- sich überlegen fühlen,
- sich unterlegen fühlen.

Verzweifeln Sie nicht – auch Kinder haben Probleme – doch
ihnen kann geholfen werden, mit dem Auf und Ab des Lebens zurechtzukommen. Sie müssen manchmal akzeptieren,
daß Ihr Kind Sie zwar liebt und weiß, daß es von Ihnen geliebt wird, daß es aber dennoch Ihre Unterstützung ignoriert
und jede weitere Hilfe ablehnt.

Das ist sicherlich schmerzhaft, zumal Sie dagegen nichts
unternehmen können.

Damit stehen Sie nicht allein.

Wenn Sie sich Sorgen machen, suchen Sie die Unterstützung von jemandem, den Ihr Kind kennt, dem es vertraut
und auf den es hört.

Diese Person muß nichts weiter tun als Ihr Kind im Auge
zu behalten und ihm zuzuhören. Vielleicht will Ihr Kind
plötzlich reden, und dieser »Schutzengel« wird ihm dann
zur Seite stehen.

9.2.6 Hektische Zeiten

Im Leben eines jeden Kindes gibt es Zeiten, in denen es nicht
im Mittelpunkt steht, denn Sie sind so beschäftigt, daß Sie
für nichts, das Sie gerne tun würden, Zeit haben. Das ist ganz

normal – Sie brauchen sich dann nicht schuldig und Ihr Kind sich nicht vernachlässigt zu fühlen.

Vielleicht ist ein Familienmitglied erkrankt und Sie müssen es im Krankenhaus besuchen, sich um dessen Wohnung kümmern und die Rechnungen bezahlen. Es kann sich auch um einen Lehrgang handeln, der sich als schwierig herausstellt, oder Sie wurden befördert und müssen Überstunden machen.

Das Beste, was Sie in einer solchen Situation tun können, ist, darüber zu reden. Finden Sie heraus, wie Sie sich gegenseitig unterstützen können. Ihr Kind kann beispielsweise den Müll für Sie wegbringen, und Sie könnten es zur Bushaltestelle fahren. Solche Bedürfnisse mögen zwar nicht enorm wichtig sein, aber sie betreffen Sie persönlich, also sind sie auch wichtig. Sie können Ihr Kind umarmen, und Ihr Kind braucht auch manchmal Ihr Lächeln.

9.2.7 Wenn sich jemand ungefragt einmischt
Jemand ist der Meinung, Sie brauchen Hilfe im Umgang mit Ihrem Kind

Der Vater eines Schulfreundes Ihres Sohnes sieht, wie dieser an der Bushaltestelle verprügelt wird, und schaut bei Ihnen vorbei, um seine Hilfe anzubieten.

Wenn er Ihnen anbietet, Ihren Sohn mitzunehmen, wenn er seinen eigenen Sohn abholt, oder mit Ihnen gemeinsam zum Vertrauenslehrer zu gehen oder die anderen Kinder davonzujagen, wenn so etwas nochmals vorkommt, können Sie für die Hilfe dankbar sein.

Wenn er jedoch anbietet, die Eltern der Rabauken aufzusuchen, Ihrem Sohn rät, zurückzuschlagen, oder dafür sorgen will, daß sein Sohn und dessen Freunde die anderen Jungen verprügeln, wünschten Sie wohl, er würde sich heraushalten!

Mit unerwünschter Hilfe können Sie fertig werden, indem Sie deutlich ausdrücken, was Sie selbst tun wollen. Auf diese Art werden Sie zum aktiven statt zum passiven Teil.

9.2.8 Wenn Sie und Ihr Kind sehr unterschiedliche Charaktere haben, können Familienmitglieder und Freunde dabei helfen, daß Sie sich gegenseitig besser verstehen

Erfahrungen können durch die jeweilige Stellung in der Familie unterschiedlich sein:

- durch Geburt: als Einzelkind, als jüngstes Kind, als Kind in einer Großfamilie, als ältestes Kind, als einziges Mädchen, als einziger Junge,
- durch die Umstände: als adoptiertes Kind, als Pflegekind, durch Schuleintritt, als Kind, das einen Elternteil nicht kennt.

Ein Trauma kann unterschiedliche Erfahrungen und Bewältigungsstrategien hervorrufen:

- als Kind, das einen Bruder oder eine Schwester verloren hat; als Eltern, die ein Kind verloren haben; als Kind mit einem Elternteil, der unter psychischen Störungen leidet; als Kind mit einem Elternteil, der unter einer chronischen Krankheit leidet; als Kind eines Elternteils, der einen schlechten Ruf hat; als Kind von jemandem, der mit dem Leben nicht zurecht kommt.

Hilfe kann von Leuten kommen, die mitbekommen, daß Ihr Kind eine Erklärung für Ihre jeweiligen Gefühle braucht, und davon überzeugt sind, daß Sie sie nicht geben können.

Selbsthilfegruppen entstehen aus der Einsicht heraus, daß Menschen von ähnlichen Umständen betroffen sind und daß sie ihre Erfahrungen mit Gleichgesinnten austauschen wollen.

9.3 Clevere Kids legen los

Clevere Kids wissen ihren Verstand zu benutzen und zu schärfen. Sie wissen, wie man ein Problem erkennt und was zu tun ist, wenn sie eines zu bewältigen haben.

Und so gehen sie vor:

1. Was weiß ich?
2. Was muß ich wissen? Auf welche Fragen brauche ich eine Antwort?
3. Wie gehe ich vor?
4. Wo finde ich Informationen?
5. Wie ordne ich diese Informationen ein?
6. Was habe ich gelernt?
7. Wie kann ich diese Informationen jetzt neu ordnen?
8. Welche Informationen haben Vorrang und welche sind zweitrangig?
9. Welche neuen Fragestellungen sind aufgetaucht?

Wenn die Kinder darauf immer noch nicht antworten können, werden sie von vorne anfangen.

9.3.1 Wie diese Methode auf ein Schulprojekt anzuwenden ist

Die Fragestellung: Entdecke jede Woche eine neue Sehenswürdigkeit in deiner Gegend und beschreibe, wie man dorthin kommt.

1. Was weiß ich?
- die Grenzen meiner Wohngegend
- die Sehenswürdigkeiten, die ich bereits besucht habe, und wie man mit dem Auto dorthin kommt
- wie man einen Stadtplan liest
- wo man einen Busfahrplan bekommt
- einige Straßennamen
- wie man eine einfache Karte zeichnet

2. Was muß ich wissen?
- wann die Sehenswürdigkeiten geöffnet sind
- in welcher Jahreszeit diese Sehenswürdigkeiten geöffnet sind
- ob man Eintritt zahlen muß
- wie man alle Sehenswürdigkeiten mit öffentlichen Verkehrsmitteln oder mit dem Auto erreicht
- welche besonderen Veranstaltungen dort stattfinden
- ob dort etwas für die ganze Familie geboten wird

3. Wie gehe ich vor?

- Ordne alle Fragen und Antworten ein nach:
  a) Sehenswürdigkeiten
  b) Wegen
  c) Verkehrsmitteln

4. Wo finde ich Informationen?

- Sehenswürdigkeiten – Touristeninformation, Bücherei, Freunde, Tageszeitung, Reiseführer
- Wege – Stadtplan, persönlicher Besuch
- Verkehrsmittel – Busbahnhof, Bahnhof, Telefon

5. Wie ordne ich diese Informationen ein

Eine Checkliste dessen, was klar ist:

Besichtigen des Wohngebietes

Sehenswürdigkeiten   Verkehrsmittel

für Kinder, Erwachsene,   Anfahrt mit Bus,
die ganze Familie   Straßenbahn, Zug, Auto
                             Anfahrtsweg
                             Fahrpläne

9.3.2 Museum

- für die ganze Familie geeignet
- Sondervorführungen – Montag, Dienstag 14 Uhr
- Café – von 9 bis 16 Uhr geöffnet
- Museumsladen – von 9 bis 16 Uhr geöffnet
- Eintritt frei
- Stühle und Tische im Garten zum Mittagessen und zum Ausruhen
- jede Menge interaktive Spielmöglichkeiten für Kinder
- die S-Bahn Nr. 10 vom Hauptbahnhof aus hält vor dem Museum, zehn Minuten Anfahrt, zu Fuß 20 Minuten, für Autofahrer gibt es zahlreiche preiswerte Parkmöglichkeiten

6. Was habe ich gelernt?

- wie man einen Busfahrplan liest
- wo sich die Sehenswürdigkeit befindet und wie man dorthin kommt
- was sie zu bieten hat

7. Wie kann ich diese Informationen jetzt neu ordnen?

- für jede Sehenswürdigkeit ein eigenes Blatt im Ordner

8. Welche neuen Fragestellungen sind aufgetaucht?

- Zu welcher Zeit geht man am besten hin?
- Wo erhält man die besten Prospekte?

9.3.3 Wie diese Methode auf persönliche Probleme anzuwenden ist
Das Problem: Wie finde ich Freunde?

1. Ich habe keine Freunde. Alle glauben, ich wäre doof. Ich mag Tiere.
2. Wie finde ich Freunde? Warum habe ich keine?
3. Ich bitte meine Mama um Hilfe.
4. Vielleicht weiß Mama, wo ich hingehen muß.
5. Was kann ich selbst dafür tun? In welchem Bereich kann ich nichts unternehmen?
6. Vielleicht sollte ich außerhalb der Schule nach Freunden suchen, die Tiere mögen.
7. Ich muß herausfinden, wo Leute sind, die Tiere mögen.
8. Wo kann ich sie wohl finden?

10 Clevere Kids können entspannen

10.1 Warum Entspannung wirkt
10.2 Wie Entspannung wirkt

10.1 Warum Entspannung wirkt

Kennen Sie die Tage, an denen Sie keine Chance haben, sich hinzusetzen und in Ruhe nachzudenken?

Kindern geht es genauso!

Sich entspannen zu können ist eine unschätzbare Fähigkeit, weil Entspannung ...

- den Druck lindert,
- Ihnen eine Pause verschafft,
- Sie wieder in Kontakt mit Ihrem Körper bringt,
- Ihnen Energie gibt,
- Vorausplanungen erleichtert,
- es leichter macht, andere Menschen zu mögen,
- Sie selbst liebenswerter macht.

Für Kinder bedeutet Entspannung,

- daß sie schneller lernen,
- daß sie erleben, geliebt zu werden,
- daß sie in der Lage sind, ihre Gefühle zu kontrollieren,
- daß sie mit anderen Leuten Spaß haben können,
- daß sie die Welt erfassen können,
- daß sie ihre Phantasie benutzen können,
- daß sie liebenswertere Menschen werden!

10.2 Wie Entspannung wirkt

Entspannung sollte so eingeplant werden, daß sie sich natürlich in Ihren Arbeitstag einfügt. Sie ist am wirkungsvollsten, wenn Zeit und Ort bewußt festgelegt werden.

Wenn Sie die Übungen gemeinsam mit Ihrem Kind machen, erklären Sie zuvor, was sie beinhalten. Achten Sie darauf, daß Ihre Vorschläge dem Kind kein Problem bereiten.

Das Zimmer, in dem Sie sich entspannen wollen, sollte so ruhig wie möglich sein. Wenn nötig, ziehen Sie den Telefonstecker heraus.

Entspannungsübungen kann man auf dem Fußboden oder im Sessel machen. Wichtig ist nur, daß Platz genug ist, um sich zu strecken und es sich bequem zu machen.

Für die Entspannung gibt es vermutlich ebensoviele Möglichkeiten, wie Streß Ursachen hat. Die folgenden Übungen sind recht einfach, sie erfordern keine Ausbildung und sind wirkungsvoll.

10.2.1 Atmen Sie tief durch!

Durch einen tiefen Atemzug können Sie in drei Sekunden Spannungen loswerden. Wenn Sie es länger durchhalten, ist die Wirkung noch wohltuender. Spüren Sie beim Einatmen, wie die Luft durch Ihre Nase strömt. Achten Sie auf die Wirkung in Ihrem Körper, wenn Sie tief einatmen. Kontrollieren Sie das Ausatmen, so daß Sie einen intensiven Rhythmus einhalten, der entspannend, beruhigend und reinigend sein wird.

10.2.2 Benutzen Sie Ihre Augen zur Harmonisierung

Diese Übung ist ideal, wenn Sie sich bedroht fühlen. Sie nehmen einfach die Dinge um Sie herum bewußt wahr.

Ich habe zwei Füße auf dem Boden.
Am Fenster hängen Vorhänge.
Das Licht ist angeschaltet.
In der Vase sind Narzissen.

Wenn Sie Gegenstände wahrnehmen, schaffen Sie mit den Sätzen einen Rhythmus, der einen beruhigenden Effekt auf Ihren Geist ausübt.

Einer der Vorteile dieser Entspannungsübung ist, daß Sie sie mit offenen Augen durchführen können, das heißt, daß Sie sie auch dann machen können, wenn Sie auf dem Weg zu einer Besprechung oder einem Treffen mit dem Lehrer Ihres Kindes sind, in der Schlange an der Supermarktkasse oder an einer Ampel stehen.

10.2.3 Machen Sie eine Pause

Fassen Sie den Entschluß, eine feste Pause während Ihrer Tätigkeiten einzulegen. Das erinnert Sie daran, daß Sie die Aufgabe im Griff haben und kein Roboter sind, der von der Aufgabe beherrscht wird.

Die Pause kann nur ein paar Sekunden dauern, in denen Sie sich auf eine Sinneswahrnehmung konzentrieren – eine Berührung vielleicht, durch die Sie das Tischtuch unter Ihren Fingern wahrnehmen.

Eine Pause ist wie eine »Leerlaufstellung«, die dem Motor etwas Ruhe gönnt. Wenn Sie weitermachen, fühlen Sie sich ruhiger, konzentrierter und klarer im Kopf.

10.2.4 Innehalten

Das »Innehalten« ist eine längere und strukturiertere Version der Pause. Da Sie vom Streß und den Strapazen um Sie herum abschalten, verhilft Ihnen das Innehalten sehr schnell zu einem klaren Kopf. Es beruhigt den Geist, verschafft Ihnen eine Ruhepause und hilft Ihnen dabei, Ihre Arbeit erfrischt und ausgeruht wiederaufzunehmen.

Sie können selbst entscheiden, wie lange Sie innehalten wollen, und Sie können die Übungen sowohl allein als auch in einer Gruppe machen. Lesen Sie sich die folgenden Schritte durch und wenden Sie sie an, wenn Sie sich dabei wohl fühlen.

1. Bitten Sie Ihr Kind mit ruhiger Stimme, die Augen zu schließen und die Hände entspannt in den Schoß zu legen. Auch Sie sollten Ihre Augen schließen.

2. Sagen Sie dann mit ruhiger Stimme:
Höre die Geräusche um dich herum, aber schenke ihnen keine Beachtung.
Achte darauf, wie du atmest – ein und aus, ein und aus.
Spüre das Gewicht deiner Kleider auf dem Körper.
Spüre das Gewicht deines Körpers auf dem Sessel.
Und spüre die Berührung der Luft auf deiner Haut.

Wenn Ihnen andere passende Sätze einfallen, wenden Sie sie ruhig an. Es geht darum, sich durch Konzentration auf den Körper zu beruhigen und alle Spannungen loszulassen.

3. Lassen Sie ein paar Minuten vergehen – oder wieviel Ihnen jeweils angenehm ist –, während Sie mit bewegungslosem Körper ruhig sitzen und tief und entspannt atmen.
4. Nach ein paar Minuten – je länger, desto besser – bitten Sie Ihr Kind mit ruhiger Stimme, in die Realität zurückzukehren und die Augen zu öffnen.
5. Fragen Sie es, wie es sich fühlt.

Wenn Sie allein sind und in Ihnen ein Gefühl der Panik wegen Ihrer derzeitigen Tätigkeit aufsteigt, setzen Sie sich einfach ruhig hin und machen Sie die Übung des Innehaltens im Kopf, indem Sie sich jeden Schritt vorsagen.

Das wird sich zu einer fast automatischen Reaktion auf Streß entwickeln – um innezuhalten und sich zu beruhigen.

10.2.5 Entspannungsübungen

Die folgenden Übungen wirken am besten, wenn Sie sie laut vorlesen, während Ihr Kind die Augen schließt, sich entspannt und zuhört. Sie sind alle beruhigend und geben Ihrem Kind die Gelegenheit, besänftigende und tröstliche Worte zu hören und gleichzeitig mit neuer Energie versorgt zu werden.

Alle Übungen beginnen mit der Aufforderung an Ihr Kind, die Augen zu schließen und tief durchzuatmen. Bitten Sie es dann mit ruhiger Stimme, die Zehen anzuspannen und wieder loszulassen, ebenso der Reihe nach Beine, Po, Bauch,

Brustkorb, Rücken, Hände, Arme, Schultern, Nacken, Gesicht und Kopfhaut, so daß Sie schließlich den ganzen Körper immer weiter hinaufgewandert sind. Durch die anfängliche Anspannung der Körperteile bekommt Ihr Kind ein Gefühl für die körperliche Entspannung, da es einen Vergleich mit der Anspannung hat. Wenn Ihr Kind alle An- und Entspannungsübungen des Körpers durchgeführt hat, wird es auf ruhige Weise allem, was anschließend gesagt wird, lauschen.

Die Geschichten konzentrieren sich alle auf positive Dinge. Sie können es sich also aussuchen, welche Sie wann mit Ihrem Kind teilen wollen. Wenn es beispielsweise nicht leicht Freundschaft schließt, probieren Sie die »Entspannungsübung zum Spielen mit Freunden« aus.

10.2.6 Entspannungsübung zum Spielen mit Freunden

Stell dir vor, daß du eine Landstraße entlangspazierst.

Es ist Sommer, und du kannst die Vögel singen hören und den Duft der Blumen riechen.

Auf beiden Seiten des Weges befinden sich hohe, dichte Laubhecken, die zum Darüberschauen zu hoch sind.

Plötzlich hörst du hinter einer der Hecken den Lärm spielender Kinder. Sie lachen und rufen sich zu.

Gleichzeitig hörst du Klatschen, Beifallsrufe und anspornende Stimmen.

Einen Moment lang fühlst du dich einsam und ausgeschlossen, doch als du weitergehst, kommst du zu einer Lücke in der Hecke mit einem Tor.

Du lehnst dich an das Tor und kannst dem Spiel zuschauen.

Viele Kinder spielen dort. Einige kennst du vielleicht, manche hast du noch nie gesehen.

Wenn du in ihre Gesichter blickst, siehst du, daß sie alle lachen und Freude am Spiel haben.

Wenn ein Kind den Ball fängt, brechen die anderen in Beifallsrufe aus.

191

Sie rufen sich gegenseitig aufmunternde und lobende Worte zu.

Beobachte nun ihr Spiel und versuche, die Regeln herauszufinden.

Während du zuschaust, hören sie zu spielen auf, und ein Kind aus der Gruppe winkt dich zum Mitspielen herbei.

Du öffnest das Tor und gehst auf den Platz.

Lächelnde Gesichter blicken dich an, während dir jemand die Spielregeln erklärt.

Du hörst ganz aufmerksam zu, damit du beim Spiel als Teammitglied dabeisein kannst.

Sobald sie sich sicher sind, daß du alles gut verstanden hast, beginnt das Spiel von neuem.

Jetzt spielst du mit all den anderen, fängst den Ball und wirfst ihn anderen zu.

Die Kinder aus deiner Mannschaft rufen dich beim Namen und klatschen, weil du dabei bist.

Du hörst dich selbst anderen zurufen, um sie anzuspornen und zu loben.

Als sich der Nachmittag dem Ende entgegenneigt und die Sonne langsam untergeht, wird das Spiel beendet.

Einige Kinder zaubern irgendwoher ein Picknick hervor.

Alle deine Lieblingsspeisen werden ausgebreitet und alle setzen sich auf den Boden, um etwas zu essen und zu trinken.

Jetzt hast du mehr Zeit, dich mit deinen neuen Freunden zu unterhalten.

Schau, wie entspannt und glücklich du dich als Teil der Gruppe fühlst, der du dich angeschlossen hast.

Du hörst den anderen zu und beteiligst dich am Gespräch.

Schließlich wird es Abend und es ist Zeit, nach Hause zu gehen.

Du verabschiedest dich von deinen Freunden, und sie winken dir alle zu, während du zurück durch das Tor auf den Weg zugehst.

Du bist nun wieder auf dem Weg nach Hause.

Spürst du nun, wie glücklich du dich fühlst, wenn du an den vergangenen Nachmittag, die Leute, die du getroffen hast, und an das Spiel denkst?

Beobachte dich nun selbst, wie du im Sonnenuntergang den Weg entlangspazierst und dich positiv, glücklich und vertrauensvoll fühlst, mit einem breiten Lächeln in deinem Gesicht.

Wenn du bereit bist, kannst du deine Augen öffnen und aufstehen.

10.2.7 Entspannungsübung zur Selbstüberwindung

Du befindest dich am Fuß eines sehr hohen Berges. Der Berg ist so hoch, daß du seinen Gipfel nicht sehen kannst – so hoch, daß er von Wolken verhüllt ist.

Zusammen mit dir am Fuß des Berges stehen Menschen, die du kennst.

Du sagst ihnen, daß du den Berg hinaufsteigen willst.

Keiner von ihnen glaubt, daß du dazu fähig bist.

Sie sagen dir, daß der Berg viel zu hoch ist, daß du es niemals schaffen wirst, und du nicht kräftig genug bist.

Aber tief in deinem Innersten weißt du, daß du es kannst.

Du weißt, daß du es kannst, weil du es willst.

Verabschiede dich nun also von den Leuten am Fuß des Berges und schreite durch das kleine Gatter, wo der Pfad auf den Gipfel beginnt. Wenn du den sanften Hang am Fuß des Berges hinaufgehst, achte auf das Gras und die Blumen zu beiden Seiten des Pfades.

Die Sonne ist warm, und Kaninchen hoppeln über den Pfad hin und her.

Du fühlst dich zuversichtlich und froh, als du die Aussicht betrachtest.

Als du höher hinaufsteigst, wird der Pfad immer steiler. Das Gras wird spärlicher und der Abhang felsiger. Statt Blumen wächst nun stoppeliges Gestrüpp auf der dünnen Erdschicht.

*Weiter oben wird auch die Luft frischer. Allmählich tun dir
deine Beine weh und deine Füße schmerzen. Das Atmen
fällt dir schwer und du bleibst immer wieder stehen, um
Atem zu schöpfen.*

*Als du noch höher kommst, befindest du dich in den
Wolken. Du spürst den feinen Nebel auf deinem Gesicht.*

*Die letzten paar Meter Aufstieg zum Gipfel fallen dir
immer schwerer. Achte darauf, wie entschlossen du bist,
den Gipfel zu erreichen. Du bist schon so weit gekommen,
und das Ziel ist bereits in Sicht.*

*Als du die Spitze des Berges erreichst, geschieht etwas
Erstaunliches.*

Die Wolken reißen auf, und die Sonne kommt hervor.

*Sie scheint auf dich und den Berg. Als du dich auf den
Boden fallen läßt, um auszuruhen, entdeckst du, daß du
kilometerweit blicken kannst. In weiter Ferne kannst du
das Meer sehen. Wenn du dich umschaust, erblickst du
Felder und Wälder, Täler und Dörfer, Flüsse und Straßen,
die so winzig sind, daß die Autos wie Spielzeug aussehen.*

*Als du zum Fuß des Berges hinabblickst, kannst du alle
deine Freunde sehen – so weit entfernt, daß du ihre Gesichter nicht erkennen kannst. Doch du siehst, daß sie dir
zuwinken.*

*Du winkst ihnen ebenfalls zu, stolz und froh über deine
Entschlossenheit, die dich selbst dann, als deine Beine müde
waren und deine Füße weh taten, zum Weitergehen motiviert hat. Diese Entschlossenheit ließ dich sogar dann wei-
termarschieren, als es weitaus bequemer und leichter gewesen wäre anzuhalten.*

*Nachdem du lange genug ausgeruht hast, willst du wieder
aufstehen. Als du dich mit den Händen abstützt, entdeckst
du plötzlich ein kleines Paket in einer kleinen Vertiefung
im Felsen – gerade dort, wo du gesessen hast. Du hebst das
Paket auf und siehst, daß ein Schildchen mit deinem Namen aufgeklebt ist. Du wickelst das Paket aus und stellst erstaunt fest, daß darin etwas ganz Tolles ist, etwas nur für
dich, etwas, was du dir schon lange gewünscht hast.*

Du steckst das Geschenk in deine Tasche und machst dich auf den Weg bergab.

Der Abstieg ist immer leichter als der Aufstieg, und so saust du den felsigen Pfad hinab. Du bist so leichtfüßig, als würde dir ein sechster Sinn sagen, wo du hintreten sollst. Der Pfad wird weniger steil, und du bist wieder auf dem grasbewachsenen Abhang am Fuß des Berges. Du hüpfst und springst und rennst jetzt wirklich. Du kommst zu dem kleinen Gatter am Ende des Pfades, wo alle deine Freunde sind.

Alle diese Leute, die nicht geglaubt haben, daß du es schaffst. Sie klatschen dir alle Beifall, umarmen dich und schütteln deine Hand. Wenn du möchtest, kannst du ihnen dein Geschenk zeigen.

Spüre, wie froh du dich fühlst, wie stolz du bist, auf den Gipfel geklettert zu sein, und das ganz allein. Selbst wenn andere Leute daran gezweifelt haben, daß du es kannst, warst du entschlossen, es allein zu schaffen.

Bleib einen Moment dort, zuversichtlich und umringt von deinen Freunden.

Wenn du fertig bist, kannst du deine Augen öffnen und wieder in deine Umgebung zurückkehren.

10.2.8 Entspannungsübung zur Beruhigung

Es ist ein warmer Sommernachmittag, und du schlenderst auf einem Pfad entlang, der sich einen Berghang entlangwindet. Du hörst Vögel singen und genießt die Aussicht.

Nach ein paar Minuten kommst du zu einer Höhle an der Seite des Hügels. Die Höhle macht einen sicheren und einladenden Eindruck, und so trittst du ein. Zuerst kannst du überhaupt nicht viel sehen, doch nachdem sich deine Augen an die Dunkelheit gewöhnt haben, kannst du kostbare Steine entdecken, Rubine, Diamanten und Smaragde, die in den Wänden der Höhle glitzern.

Fasziniert von den Juwelen, den Stalaktiten, die von der Decke hängen, und den Stalagmiten, die aus dem Boden wachsen, gehst du tiefer in die Höhle hinein. Der Pfad führt

*immer weiter in die Höhle. Beim Gehen fühlst du, wie dich
eine ruhige Stimmung überkommt. Aus der Ferne kannst
du ein Rumpeln und Rollen hören, aber es ist weit weg und
beunruhigt dich nicht.*

*Schließlich kommst du in eine riesige, unterirdische Höhle,
die vom Glitzern der Juwelen und winzigen Sonnenstrah-
len, die durch Ritzen und Spalten dringen, erleuchtet ist.*

*In der Mitte der Höhle befindet sich ein großer, unterirdi-
scher See. Die Oberfläche ist so glatt, daß sie wie schwarzes
Glas aussieht. Während du am See stehst und hörst, wie die
Wellen sanft ans Ufer schwappen, fühlst du dich friedlich
und gelassen. Der stille und ruhige See scheint ein Spiegel-
bild deiner Gefühle zu sein.*

*Auf einmal kommt eine Gruppe von Schwänen sacht auf
dich zugeschwommen, die in vielen Farben schimmern:
blau, grün und gold. Sie gleiten, ohne ein Kräuseln zu
verursachen, über die stille Oberfläche des Sees.*

*Geh nun um den See herum; du triffst bald auf einen alten
Mann, der dort sitzt und auf das Wasser blickt.*

*Als du näherkommst, dreht sich der alte Mann um, lächelt
dich an und lädt dich ein, sich neben ihn zu setzen.*

*Einen Moment lang sitzt ihr beide Seite an Seite, schaut auf
das Wasser und lauscht den sanften Geräuschen.*

*Der alte Mann beginnt zu sprechen und erklärt dir, daß der
See ein Ruhepunkt im Zentrum der Erde ist.*

*Du fragst, ob du zurückkommen und den See besuchen
darfst. Der alte Mann erwidert, daß du jederzeit deinen
eigenen See der Ruhe, den du in dir selber trägst, besuchen
kannst. Du müßtest nur die Augen schließen und innehalten, dann würdest du entdecken, daß du deinen eigenen
See der Ruhe hast.*

*Zum Schluß gibt dir der alte Mann einen wertvollen Edel-
stein, der dich an deinen Besuch erinnern soll. Schau dir
den Stein kurz an und stecke ihn dann in deine Tasche.*

*Jetzt kannst du in die äußere Welt zurückkehren. Du folgst
dem Pfad, der entlang der Stalaktiten und Stalagmiten*

*Richtung Sonnenlicht und Hügel zurückführt. Spüre, wie
entspannt und ruhig du dich fühlst, wie zuversichtlich und
entschlossen.*

Schließlich kommst du zum Eingang der Höhle.

*Das Sonnenlicht begrüßt dich wieder, es ist ein warmer
Sommernachmittag. Du berührst den Edelstein, der sicher
in deiner Tasche ruht, und erinnerst dich an deinen einzigartigen Besuch im stillen Inneren der Erde.*

*Bleib einen Moment so warm, entspannt und ruhig liegen.
Wenn du bereit bist, kannst du deine Augen öffnen und
wieder ins Zimmer zurückkehren.*

10.2.9 Entspannungsübung, um sich geliebt zu fühlen

*Es ist ein warmer, sonniger Sommertag, und du spazierst
einen Pfad in einem Tal entlang.*

*Wenn du auf beide Seiten schaust, kannst du die Berghänge
um dich herum sehen, und wenn du nach oben schaust,
siehst du, wo sie auf den Himmel treffen.*

*Der Pfad, auf dem du gehst, führt an einem Fluß entlang.
Beim Gehen hörst du das Wasser über die Felsen fließen.
Du hörst die Vögel singen und riechst das frische Gras und
die Blumen.*

*Schau auf den Gipfel einer der Hügel, und du erkennst die
Silhouette einer Gestalt, die sich gegen den Himmel ab-
zeichnet. Die Gestalt kommt dir vertraut vor. Noch während du schaust, bewegt sich die Gestalt vom Gipfel des
Hügels auf dich zu. Du schaust sie dir genau an und stellst
fest, daß du weißt, wer sie ist. Es kann jemand sein, den du
seit langem nicht gesehen hast. Du entdeckst einen Pfad,
auf dem du ihr entgegengehen kannst. Während ihr euch
immer näher kommt, bist du ganz aufgeregt, daß du diesen
alten Freund bald treffen wirst. Es ist jemand, der dich aus
längst vergangener Zeit kennt, jemand, den du liebst und
der dich liebt.*

*Schließlich trefft ihr euch. Ihr umarmt euch, lächelt euch
an, oder du beginnst unmittelbar zu sprechen. Was auch*

immer geschieht, spüre dein Glück bei der Begegnung mit dieser Person. Du spürst, daß sie dich kennt. Ihr geht nun gemeinsam den Weg entlang. Du erzählst deinem Freund, was dir alles passiert ist, und er erinnert dich an die gemeinsam verbrachte Zeit. Dein Freund erzählt dir, wie umsorgt du bist und wie stolz die Menschen darauf sind, was du alles getan hast.

Du bist voller Stolz, liebevoller Gedanken und Gefühle. Es ist wunderbar zu wissen, daß du für diese Person etwas Besonderes bist.

Schließlich meint dein Freund, daß es Zeit zu gehen ist. Du verabschiedest dich, und ihr geht beide wieder den Weg zurück, den ihr gekommen seid. Ihr dreht euch um und winkt euch zu, bis ihr euch beide aus den Augen verloren habt.

Doch anstatt dich einsam zu fühlen, nachdem dein Freund gegangen ist, fühlst du dich von der Liebe deines Freundes umgeben und beschützt.

Du weißt, daß du jederzeit deine Augen schließen und deinen Freund auf dem Pfad treffen kannst.

Während du auf dem Weg zurückgehst, spüre, wie ruhig und friedlich du dich fühlst. Denke daran, daß es in deinem Leben Menschen gibt, die du vielleicht nicht sehr oft siehst, die sich aber um dich kümmern, die stolz auf deine Leistungen sind und die dich um deiner selbst willen lieben. Wenn du bereit bist, öffne deine Augen und bleibe ruhig sitzen.

10.2.10 Entspannungsübung zum Aufbau von Selbstvertrauen

Sprechen Sie Ihrem Kind vor: »Richte als erstes drei Sekunden lang und ohne zu blinzeln deinen Blick geradeaus. Dann schließe deine Augen. Atme ein und aus, atme ein und aus.«

Setzen Sie die Atemübung solange fort, bis Ihr Kind entspannt und regelmäßig atmet. Wenn Ihr Kind unruhig ist, hilft die Körperentspannung, das Anspannen und Loslassen der verschiedenen Körperteile zu üben.

Stell dir vor, du wärst in einem kleinen Boot auf rauher und unruhiger See. Du wurdest von den Leuten auf dem Schiff, auf dem du warst, ausgesetzt. Die Wellen rütteln das Boot durch und lassen es heftig schaukeln, und du weißt, daß es früher oder später kentern wird. Plötzlich rollt eine gewaltige Welle seitlich ans Boot, schleudert es in die Luft und wieder aufs Wasser. Du gehst sofort keuchend und prustend unter.

Zu deinem Erstaunen kannst du jedoch in dieser wunderbaren Welt unter Wasser atmen. Unter den tosenden Wellen herrscht Stille und Ruhe. Vom Wasser schützend umhüllt, sinkst du mühelos in die schwarze Tiefe hinab.

Du atmest sacht im Wasser, ein – aus, ein – aus, während du langsam hinabsinkst. Um dich herum schwimmen Delphine, Haie und Rochen, aber keines der Tiere scheint sich um deine Anwesenheit zu kümmern.

Die Dunkelheit umhüllt dich bald vollständig mit nur gelegentlichem Aufblitzen von jenen Fischen, die ihr eigenes Licht auf dem Meeresboden produzieren. Schließlich bist du auf dem Meeresboden gelandet und entdeckst eine Höhle. Du schwimmst in sie hinein, mit dem Gefühl, daß sie ein sicherer Ort ist.

An dieser Stelle können Sie die Übung variieren.

1. In der Höhle siehst du ein Bild von dir, auf dem du gerade etwas zufriedenstellend erledigst. Schau dir die Einzelheiten des Bildes an, wie du stehst oder sitzt, deinen Gesichtsausdruck, die Farben und wie selbstsicher du diese Tätigkeit ausführst.

2. In der Höhle befindet sich der Gegenstand, den du dir am meisten wünschst.

3. In der Höhle befinden sich Menschen, die du liebst und die alle erfreut sind, dich zu sehen. Sie freuen sich, daß du von so weit gekommen bist, um sie zu sehen. Du gehst in der Höhle umher und redest mit verschiedenen Leuten. Ihr tauscht miteinander Geschichten aus, und die Leute erzählen von früher und von Zukunftsplänen.

Wenn du die Gespräche beendet hast, schwimmst du lang-
sam an die ruhige Wasseroberfläche zurück und atmest
dabei weiterhin ein und aus. Wenn du die Oberfläche er-
reicht hast, kannst du dich aufrichten, die Augen öffnen
und auf die anderen warten.

10.2.11 Entspannungsübung für Wagemut

Du spazierst auf einem Weg, der sich neben einem Fluß
entlangschlängelt.
Es ist ein warmer und sonniger Tag.
Du spürst, woraus der Weg besteht – aus Steinen, Sand
oder Erde, festgetreten von den vielen Menschen, die auf
ihm gelaufen sind.
Die Sonne schimmert durch die Bäume, die bis zum Ufer
des Flusses wachsen und dem Pfad Schatten spenden.
Du genießt den Spaziergang, die Sonne und die Bäume.
Plötzlich erregt etwas am anderen Ufer deine Aufmerk-
samkeit.
Als du hinüberschaust, erkennst du einen Heißluftballon,
prall gefüllt und zum Aufsteigen bereit.
Im Korb unter dem Ballon kannst du die Passagiere sehen,
aufgeregt und ungeduldig auf die Reise wartend.
Du kannst dir vorstellen, welchen Spaß es machen muß,
in einem Heißluftballon zu reisen, und du wünschst dir,
daß du ebenfalls auf der anderen Flußseite wärst und mit-
fliegen könntest.
Aber auf deiner Seite gibt es nur die Bäume, die Sonne und
den Weg.
Als du weitergehst, fällt dein Blick auf das andere Ufer, wo
du diesmal eine Weide mit anmutigen, weißen Pferden er-
blickst. Auch Menschen befinden sich auf der Weide. Einige
von ihnen füttern und striegeln die Pferde, und andere
bereiten sich auf einen Ausritt vor. Du stellst dir vor,
welchen Spaß es machen muß, dort auf der Weide zu sein,
und du würdest am liebsten auch auf einem der weißen
Pferde reiten.

Du spazierst weiter auf dem Pfad. Die Sonne scheint immer noch warm, und der Pfad schlängelt sich weiterhin unter Bäumen und am Wasser entlang.

Als du wieder über den Fluß hinüberschaust, erblickst du auf der anderen Seite einen Rummelplatz mit Riesenrädern, Buden und Spielen. Menschen tummeln sich dort und genießen den Rummel. Du wärst am liebsten auch dort. Alle sehen froh und entspannt aus und amüsieren sich, aber es gibt offenbar keine Möglichkeit, hinüberzukommen und mitzumachen.

Als du plötzlich um eine Flußbiegung kommst, erblickst du eine alte und wacklige Holzbrücke. Sie sieht aus, als sei sie seit langer Zeit nicht benutzt worden, doch sie verbindet die beiden Flußufer, und somit kannst du auf die andere Seite gelangen.

Als du dich der Brücke näherst, erkennst du, wie alt sie ist, und du fragst dich, ob sie stabil genug ist, dich zu tragen. Doch als du vorsichtig einen Fuß auf die Brücke setzt, erkennst du zu deinem Erstaunen, daß sie ziemlich sicher ist. Statt wacklig und schwankend ist sie offenbar fest und sicher. Genaugenommen scheint es keinen Unterschied zwischen dem Pfad und der Brücke zu geben.

Nach wenigen Augenblicken bist du auf der anderen Seite. Jetzt kannst du zurücklaufen zum Rummelplatz, zu den Pferden oder zum Heißluftballon.

Du verbringst einen wunderbaren Nachmittag und genießt all das, was auf der anderen Seite des Flusses ist. Du schwebst im Korb unter dem Ballon über die Landschaft, du reitest über die Felder auf einem der wunderschönen weißen Pferde, und du amüsierst dich auf dem Rummelplatz. Die Zeit fliegt dahin, und du genießt jede Minute.

Als der Nachmittag vorüber ist, gehst du über die Brücke wieder nach Hause.

Jetzt weißt du, wo sich die Brücke befindet, und du kannst jederzeit auf die andere Seite des Flusses gehen.

Wenn du bereit bist, kannst du deine Augen öffnen und dich aufsetzen.

Entspannungsübung zur Konzentration

Stell dir vor, du sitzt auf einem Felsen, der ins Meer hinausragt.

Es ist ein warmer und sonniger Tag.

Wenn du ins Wasser hinabblickst, siehst du, wie die Sonne auf der Oberfläche glitzert und schimmert und dich mit ihrem Funkeln blendet.

Schaue auf das Wasser: allmählich wirst du mehr entdecken als die glitzernde Oberfläche. Du siehst Fische in leuchtenden Farben herumschwimmen, rosa und grün, blau und gelb.

Nachdem du die Fische wahrgenommen hast, bemerkst du auch die grünen Blätterbüschel des Seetangs, die im Wasser schweben und von der Strömung bewegt werden. Manchmal verdeckt der Tang die Fische, und manchmal, wenn er sich bewegt, kannst du die Fische wieder sehen.

Immer wieder erhaschst du, während du ins Wasser schaust, einen kurzen Blick auf leuchtende Farben auf dem Meeresgrund. Wegen der Bewegungen, dem Glitzern der Sonne, den Fischen und dem Seetang ist es jedoch schwierig festzustellen, was die neuen Farben bedeuten. Wie sehr du dich auch bemühst, es ist unmöglich zu sagen, was da unten ist – bis ein Delphin aus der Tiefe auf dich zugeschwommen kommt. Er kommt bis zum Felsen und gibt dir ein Zeichen, ihm zu folgen. Du kletterst auf seinen Rücken und beginnst eine zauberhafte Reise ins Meer. Du entdeckst, als er dich an den Fischen und dem Seetang vorbei auf den Meeresboden hinabträgt, daß du unter Wasser atmen kannst.

Dort unten kannst du nun sehen, woraus die Farben bestehen, denn dort auf dem Meeresboden befindet sich das allerschönste Mosaik aus winzigen, farbenprächtigen Muscheln. Sie wurden so zusammengesetzt, daß sie wirbelnde Muster ergeben. Du schwimmst über das Mosaik, schaust dir alles an und nimmst die Muster tief in dich auf.

Der Delphin schwimmt heran und überreicht dir eine winzige Muschel, die du in das Mosaik einfügen sollst. Sorgfältig suchst du nach einer Lücke, in die deine Muschel hineinpaßt. Als du eine findest, fügst du deine Muschel in das Muster ein.

Der Delphin schwimmt wieder heran und führt dich, nachdem du auf seinen Rücken geklettert bist, zurück zu dem Felsen, auf dem dein Abenteuer begann.

Als du wieder auf dem Felsen sitzt, schaust du hinunter ins Wasser. Du kannst die Fische und die grünen Tangbüschel immer noch sehen, aber nun weißt du auch, was sich dort unten auf dem Meeresboden befindet. Vor deinem inneren Auge siehst du ein wundervolles Muster, an dem du mitgewirkt hast.

Wenn du bereit bist, kannst du deine Augen öffnen und dich aufrichten.

10.2.13 Entspannungsübung für positive Gefühle

Stell dir vor, du hättest eine geheime Tür in eurem Haus entdeckt. Du hast sie vorher noch nie bemerkt, weil sie genauso wie die Wand aussieht oder hinter einem Vorhang oder einem Möbelstück verborgen war.

Du probierst den Türgriff aus, um zu sehen, ob sie verschlossen ist, aber sie ist offen. Du gehst durch die Tür und befindest dich in einem leeren, weißen Zimmer. Der Boden ist weiß, die Wände sind weiß, und die Decke ist weiß.

In der Mitte des Zimmers entdeckst du einen weißen Holztisch, auf dem eine wunderschöne Schüssel steht. Sie ist der einzige farbige Gegenstand im Zimmer. Die Muster auf der Schüssel scheinen den ganzen Raum zu erleuchten. Ihre Farben sind kräftig und juwelengleich.

Du näherst dich der Schüssel und fragst dich, was wohl in ihr sein mag.

Du schaust hinein und entdeckst, daß sie mit exotischen Früchten gefüllt ist, Früchte, die du magst und Früchte, die du noch nie probiert hast.

Ganz oben auf den Früchten liegt eine schöne, große Orange. Sie leuchtet wie eine goldene Sonne.

Du nimmst die Orange und spürst ein prickelndes Gefühl deinen Arm hinaufkrabbeln.

Du schälst die Orange und fragst dich aufgeregt, was sich wohl im Innern dieser großartigen Frucht befinden mag. Und schließlich entdeckst du, was es ist – ein großer und kostbarer Edelstein.

Du nimmst die Farbe, das Gewicht und die Oberfläche des Edelsteins in deiner Hand wahr. Du bist erstaunt und stolz auf deine Entdeckung.

Mit dem Edelstein verläßt du das Zimmer.

Wenn du bereit bist, kannst du deine Augen öffnen.

10.2.14 Entspannungsübung für das Wissen, daß man lernen kann

Schließe deine Augen und denke an etwas, was du zur Zeit wirklich gut kannst. Denke nun daran, wie du ein Jahr zuvor warst.

Was hast du im vergangenen Jahr gelernt?

Denke an das kommende Jahr.

Was möchtest du gerne im nächsten Jahr können, was du jetzt noch nicht kannst?

Denke nochmals daran, was du zur Zeit kannst und wie du es geschafft hast, darin so gut zu werden.

Achte auf all die Kleinigkeiten, die du lernen mußtest, um dies zu erreichen.

Wenn du bereit bist, öffne deine Augen.

10.2.15 Vom »Geht nicht« zum »Wird gemacht«

Die Übung beginnt mit der Bitte an Ihr Kind, über etwas nachzudenken, was es wirklich gut kann. Für jemanden, der sich in allem für miserabel hält, ist das oft schwierig. Wenn Ihr Kind Probleme hat, erinnern Sie es an etwas, in dem Sie es für geschickt halten. Das kann alles mögliche sein – Fernsehen, Sport, nett zu anderen sein – irgend etwas, von dem Sie glauben, daß Ihr Kind es kann, selbst wenn andere es als ungewöhnlich betrachten. Bitten Sie Ihr Kind nun, darüber nachzudenken, was es gerne ändern möchte. Wenn Sie erst einmal diese »Positiv- und Negativbilder« festgelegt haben, können Sie mit der Entspannungsübung beginnen.

Setze dich mit geschlossenen Augen und deinen Händen im Schoß ruhig hin. Straffe und entspanne nun deinen Körper Stück für Stück. Beginne mit den Zehen – straffe und entspanne –, dann deine Füße, Unterschenkel, Knie, Oberschenkel, Po, Rücken, Schultern, Kopfhaut, Gesicht, Brustkorb, Bauch, Oberarme, Ellbogen, Unterarme. Balle deine Finger schließlich zu einer Faust, lasse sie dann wieder los und entspanne sie.

Das Straffen und Entspannen einzelner Körperteile ist die Vorbereitung für den nächsten Schritt.

Stell dir nun bildlich eine Tätigkeit oder eine Erinnerung vor, bei der du ein positives Gefühl empfindest. Achte darauf, wie du dich in das Bild hineinbewegst – die Farben, Geräusche, Formen, Gerüche, der Anblick und die Struktur, die Teil des Bildes sind.

Wechsle vom positiven Bild in das negative und achte nun auf dessen Details. Welche Farben, Geräusche, Formen usw. gibt es dort?

Wechsle wieder in das positive Bild und achte jetzt darauf, wie du dich bewegst, auf deinen Gesichtsausdruck und was du denkst.

Gehe zurück zu dem Bild, das dich so anstrengt. Verweile bei diesem Bild diesmal nur kurz und betrachte die Farben, deinen Gesichtsausdruck und deine Bewegungen.

Kehre zu dem Bild zurück, wo du dich entspannt fühlst. Achte darauf, woran du denkst, während du diese Tätigkeit ausübst, wie du vorgehst, um höchsten Genuß zu erlangen, wie du dich fühlst, wenn du einen Fehler begehst, wie du einen Fehler als Gelegenheit zum Lernen begreifst, was du von der Tätigkeit hältst, wenn du sie beendet hast.

Richte deinen Geist nun auf das Bild mit jener Tätigkeit, in der du dich als Versager fühlst. Achte darauf, wie du dich dort bei einem Fehler fühlst.

Kehre zum guten Bild zurück. Verändere dieses Mal jedes Detail. Ändere die Farben, Formen und Geräusche – spiele damit. Es ist dein Bild. Ordne zum Schluß alle Dinge so an, wie du sie gerne hättest.

Kehre ein letztes Mal zu dem negativen Bild zurück. Vielleicht ist es verblaßt, und wenn es ganz verschwunden ist, halte es nicht fest. Wenn jedoch noch irgendwelche Einzelheiten übrig sind, lasse sie auf den Boden fallen.

Du hast eine Kehrichtschaufel bei dir. Kehre die Dinge auf und werfe sie in einen Mülleimer mit fest verschlossenem Deckel.

Kehre schließlich zu dem Bild zurück, das dir das Gefühl vermittelt, zuversichtlich, glücklich, deiner selbst und deiner Stellung in der Welt gewiß zu sein.

Wenn du bereit bist, öffne deine Augen.

10.2.16 Fußmassage

Die Fußmassage eignet sich zum Entspannen und Beruhigen. Sie ist an nackten Füßen am wirkungsvollsten.

Ihr Kind sitzt bequem in einem Sessel, mit den Füßen auf Ihrem Schoß.

Kneten Sie als erstes den großen Zeh oberhalb und unterhalb des Zehennagels.

Das lockert die Spannungen und kann während der Massage mehrmals wiederholt werden.

Massieren Sie dann mit kreisenden Bewegungen entlang der Knochen auf dem Rist.

Es ist wichtig, daß Sie sich nach der Massage Ihre Hände mit kaltem Wasser waschen. Es dient der Lösung von Spannungen, die Sie während der Massage aufgenommen haben. Falls Sie es vergessen, werden Sie feststellen, daß Sie sich sehr müde fühlen, da Sie die Spannungen von jemand anderem mit sich tragen.

10.2.17 Einfache Dehnung

Eine kleine Dehnübung kann Wunder wirken!

Stehen Sie auf und strecken Sie Ihre Arme nach vorne. Umarmen Sie sich nun selbst ganz fest – ein echter Knochenbrecher.

Strecken Sie Ihre Arme nun wieder aus und versuchen Sie sie diesmal in weiten Kreisbewegungen hinter Ihren Rücken zu bringen. Machen Sie diese Übung dreimal hintereinander!

Viel Glück!

Register

Weitere KidsWorld-Elternratgeber im Beust Verlag

Jeder, der heute mit Jungen zu tun hat, macht sich Sorgen um sie: Wo man auch hinsieht, geraten sie in Schwierigkeiten. Eltern und Erzieher/innen möchten besser verstehen, was Jungen bewegt und wie man ihnen helfen kann, zu glücklichen, liebevollen und fähigen Männern heranzuwachsen.

In *Jungen! Wie sie glücklich heranwachsen* zeigt **Steve Biddulph** die wichtigsten Stationen der Entwicklung von Jungen auf – von der Geburt bis ins Erwachsenenalter. Und er gibt auf seine unnachahmliche, humorvolle, offene und praktische, von fundiertem Wissen getragene Art Ratschläge, wie Jungen liebevoll aber auch mit starker Hand geführt werden können.

200 S., 45 farbige Ill., 40 Fotografien, DM/sFr 24,80, öS 181,-
ISBN 3-89530-019-5

Süddeutscher Rundfunk:
»Der beste Erziehungs-Ratgeber seit langem. Ein wunderbares Buch für ‚Praktiker‘, dem es gelingt, mit ‚Aha‘-Erlebnissen bei der Lektüre wirklich weiter zu helfen.«

Saarländischer Rundfunk:
»Wenn Sie dieses Buch mit seinen gut strukturierten Kapiteln lesen, werden Sie buchstäblich die stützende Hand auf Ihrer Schulter spüren.«

200 S., 77 farbige Ill., Pb., 15 x 23 cm, 24,80 DM, 24,80 sFr, 181,- öS
ISBN 3-89530-000-4

Mit diesem erhält der Leser eine leicht verständliche Anleitung, die es nicht nur dem Computerfreak ermöglicht, Kindern pädagogische Inhalte spielerisch zu vermitteln. Um die zahlreichen Vorschläge, die das Buch liefert, praktisch umzusetzen, genügen ein PC oder Macintosh mit aktuellem Betriebssystem.

Neue Westfälische

»Das Besondere dieses Buches ist der Versuch, im Gegensatz zu anderen Elternratgebern vor allem praktische Anleitungen an die Hand zu geben. Daß das Autorenteam dabei auch Tips für Babys und Kleinkinder vorstellt, ist bemerkenswert.«

224 S., 60 farbige Ill., 24,80 DM/sFr, 181,- öS, ISBN 3-89530-006-3

Bildzeitung

»Mit diesem Elternratgeber sind Sie ganz schnell beim Thema und können bestimmen, welche Hard- und Software im Kinderzimmer künftig stehen soll.«

Süddeutsche Zeitung

»Hier erfahren Sie alles über den Computer, was Sie schon immer wissen wollten, aber Ihre Kinder nie zu fragen wagten ... mit Richtlinien, in welcher Dosierung und mit welchen Inhalten Eltern altersgerechtes Computerwissen vermitteln können.«

224 S., 38 farbige Ill.
DM/SFr 24,80, ÖS 181
ISBN 3-89530-010-1

Der Autor entwirft ein hellsichtiges Bild vom Problem und schlägt Antworten und Lösungen vor, die das Phänomen erfrischend unkonventionell und vielschichtig angehen. Gewalttätige Kinder, so Alan Train, brauchen – ebenso wie ihre Opfer – Hilfe. Train beleuchtet die Dynamik in der Familie und gibt aus seiner langjährigen Erfahrung praktische Ratschläge, wo möglicherweise Ursachen für die Gewalttätigkeit liegen.

200 S., 25 s/w Ill., DM/sFr 24,80, öS 181, ISBN 3-89530-016-0

Aschaffenburger Stadtmagazin
»Die ersten Worte des eigenen Kindes werden meist sehnsüchtig erwartet. Und danach? Dieses Buch ist ideal für Eltern, die auch noch nach diesem Moment wissen wollen, wie das Kind zur Sprache kommt, und die spielerisch und mit viel Spaß zu einer guten Sprachentwicklung beitragen wollen.«

Besser leben
»... ein ebenso unterhaltsamer wie brauchbarer Ratgeber ... Er enthält eine Fülle von praktischen Tips ...«

184 S., 43 farbige Ill.
DM/SFr 24,80, ÖS 181
ISBN 3-89530-005-5

Berliner Zeitung

»Mit diesem Buch haben Sie Gelegenheit, fast verschwundene Spielideen wie auch originelle Eigenkreationen (wieder) mit ihren Kindern zu entdecken. Alle Ideen zeichnen sich aus durch spontane Umsetzbarkeit und einfache Durchführung.«

Familie & Co

»Über 160 Spielideen, wobei lobenswerterweise die Wohn- und Lebensverhältnisse mitberücksichtigt werden. Viele Tips und witzige Illustrationen gibt's dazu – ein Buch, das nicht nur den lieben Kleinen Beine macht. Bravissimo!«

192 S., 39 Ill., Pb., 15 x 23 cm
DM/sFr 24,80, öS 181,-
ISBN 3-89530-007-1

Die Wochenzeitung, Basel

»witziger Stil, ... predigt keine Lehrmeinungen, sondern regt zu einem bewußten Umgang mit Essen an.«

Nordwest-Zeitung

»Angenehm aus dem Rahmen fällt das Buch nicht nur durch seine witzigen Karikaturen, sondern auch durch pfiffige, halbwegs gesunde Kinderpartyrezepte.«

192 S., 35 farbige Ill.
DM/SFr 24,80, ÖS 181
ISBN 3-89530-002-0

Norddeutscher Rundfunk, »Lesetip«:
»Das Buch aus der Ratgeber-Reihe KidsWorld erhebt keinesfalls den Anspruch, Kinder vom Fernsehen auf immer und ewig wegzulocken, aber es möchte Eltern und Kindern helfen, sich von der alltäglichen Sucht Fernsehen zu befreien und Alternativen zu finden.«

Westdeutsche Allgemeine Zeitung:
»Viele der 365 Spieletips lassen sich buchstäblich aus dem Stand heraus umsetzen ..., einfache Symbole schaffen sofort einen klaren Überblick.«

216 S., 83 Ill., DM/SFr 24,80, ÖS 181, ISBN 3-89530-008-X

Die aktuelle, Nürnberg
»Mit Witz und Charme bringt das Enkel-ABC Großeltern von heute auf neue überraschende Weise wieder das Buchstabieren bei.«

Saarbrücker Zeitung
„Jeder Menge praktischer Tips bietet dieser Ratgeber quasi als Erinnerungshilfe.«

Thüringer Allgemeine
»Das amüsante Enkel-ABC mischt sich ein in den Umgang der Generationen. Und es verrät, warum Großväter für jeden Unsinn zu haben sind.«

208 S., 42 farbige Ill., 15 x 23 cm, DM/SFr 24,80, ÖS 181
ISBN 3-89530-009-8

Vom ABC-Schützen zum Teenager
Margaret McSpedden

ekz-Informationsdienst
»ansprechendes Layout, humorvoller Stil, gut verständlich, flott und informativ mit vielen Beispielen.«

NDR Hamburg Welle
»... ohne besserwisserischen Tonfall, humorvoll, übersichtlich gestaltet ...«

Ostsee Zeitung
»... humorvoll, informativ, ideenreich und anekdotenhaft wird hier auf viele Situationen eingegangen, die im Familienalltag eine Rolle spielen.«

200 S., 81 farbige Ill.
DM/SFr 24,80, ÖS 181
ISBN 3-89530-001-2

Babys – Wunderwerk von Kopf bis Fuß
Howard Chilton

Buchjournal:
»Ein versierter Ratgeber in dringenden Fällen.«

Ratgeber aus der Apotheke
»Kurz und klar, humorvoll und anteilnehmend räumt der erfahrene Kinderarzt mit den Ammenmärchen und Ratschlägen auf, die von allen Seiten auf neue Eltern einprasseln.«

232 S., 46 farbige Ill.
DM/SFr 24,80, ÖS 181
ISBN 3-89530-004-7

Beust Verlag Gaia Text GmbH
Fraunhoferstr. 13, 80469 München, Tel.: 089-230895-0, Fax.: 089-266471

❏ **Ich möchte gern mehr über das Beust-Programm wissen**
❏ **Ich möchte folgende(n) KidsWorld-Titel bestellen:**

....

_____   _____
Vorname/Name   Postleizahl/Ort

_____   _____
Straße/Nummer   Telefon/Fax